Владимир Томшин

ПО БЕЛОЙ ПОЛОСЕ

Стихи

Order this book online at www.trafford.com
or email orders@trafford.com

Most Trafford titles are also available at major online book retailers.

Printed in the United States of America.

ISBN: 978-1-4669-3686-7 (sc)
ISBN: 978-1-4669-3685-0 (hc)
ISBN: 978-1-4669-3687-4 (e)

Library of Congress Control Number: 2012908406

Trafford rev. 11/13/2012

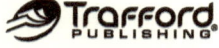 www.trafford.com

North America & international
toll-free: 1 888 232 4444 (USA & Canada)
phone: 250 383 6864 ♦ fax: 812 355 4082

Муза:	*Людмила Мангольд*
Редакторы:	*Наталья Париева, Диана Минова*
Художник-оформитель:	*Денис Париев*
Верстальщик:	*Диана Минова*

Читающему строки этой книги может показаться, что речь идет о чём-то непонятном и несовместимом, но каких чудес не бывает в волшебном мире под названием жизнь. И всё же, читая, следует знать, что она рано или поздно закончится.

Выражаю сердечную благодарность всем, кто помог мне в создании этой книги.

Содержание

Романтика

Ощущения

Любовь и женщины

Обращения

Поздравления

Дьяволиада

Философия

Романтика

Встреча

Над склоном гор в закате дня
Орёл, летя, выглядывал добычу,
Но не везло ему тогда. Меня увидел он,
Как в небо пальцем тычу.

Присущий интерес животным на земле,
И к птицам относясь, уж бушевал в Орле.

Вгляделся он в нептичье моё телосложение.
И начал хохотать — как тяжелы движения,
Как груб был мой толчок, и как, ломая руки,
Пытался я взмахнуть ими, как крыльями! О муки!
Желание сильней. И снова мой рывок,
Опять готовность, старт, разбег, опять толчок...
Нелепый взмах руки, упрямое лицо.
Споткнулся я, упал и разодрал весь бок.

Слеза вниз по щеке. Слеза обид за то,
Что не летаем мы, как птицы. Ничего!
Себе я докажу, что я могу, и встал,
Взмахнул руками, но почувствовал – устал.
Вдруг слышу свысока, как тихий шелест листьев,
И мягкий взмах крыла коснулся моей кисти.
То был мой верный враг, насмешник и злодей,
Что кур лишь воровал и не любил людей.

Ко мне он обратился, сказав всё не спеша:
«Летать должно не тело. Летать должна душа.
В полёте должен ты забыть о материальности своей,
И только мысль, душа и страсть должны нести тебя над ней».

А сам показывал: "Вот так должно ходить крыло.
Вот так, как камнем вниз, вот вверх,
Вот в сторону, но главное,
Ты должен думать об одном:

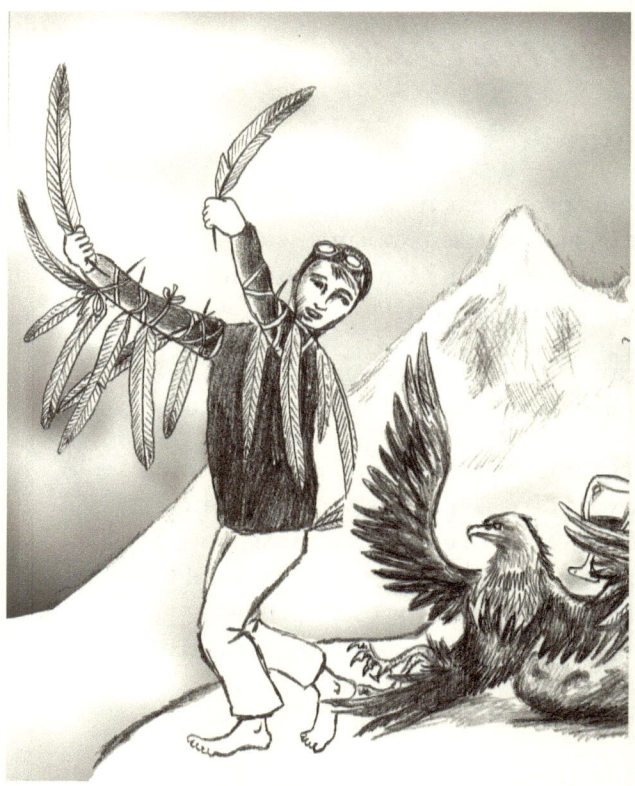

Летишь не ты. Летит душа".
И на прощание он мне, жмя руку лапой не спеша,
Взмахнул крылом и улетел, о чём я позже пожалел.

Да ничего. Стал делать я, как он сказал:
Закрыл глаза, представив вдруг, что я — душа.
И тут почувствовал, что смог.
Земля уходит из-под ног...
Взлетел и понял, что не явь моим сознанием движет.
Сон своею ласковой рукой вдавил меня в воздушный трон.

И просыпаться не хочу. Посмотрим, что покажут нам.
Внизу видны поля, река. Я опускаюсь на траву,
Вдыхаю свежий воздух сна, и утопаю в нём, как лёд,
Плывя под властью вешних вод.

Природа! В пустой кутерьме несбывшихся дел лишь одна
Является допингом в спорте принятия бед.
Шум ветра, клоня к плодоносной земле деревца,
На сотни вопросов даёт однозначный ответ.

Вопросы решаются сами собой, лишь коснись
Ногами своими в рассвете пологой травы,
С летящим полётом сознания по лесу пройдись,
Почувствуй природу и с миром сожги все мосты.

Могучие сосны укроют тебя от дождя.
Споёт серенаду, на сон глядя, стая волков.
Еловые лапы спасут от прохлады лесной,
И птицы ночные желать будут лишь сладких снов.

А утром, проснувшись, услышишь журчание ручья.
Смотря на озёра, вглядись в их хрустальность зеркал.
Природа щедра к тому, кто ей предан насквозь...
Но кто-то эту часть сна беспощадно прервал.

Раздвинув тяжелые стены лесов,
Открыв для меня величавость пустынь,
Закрыв путь назад на железный засов,
Сон проносит мой взгляд на величие руин.

Пустыня. Песок. Звук птиц очерствел и замолк.
Растаял, как дым, одиноко идя, сытый волк.
Не слышно шелеста трав, переливов ручья.
Лишь ветер шумит, нагнетая барханы у ног.

Ветер. Ты самый свободный из всех.
Из всех, что видел и слышал. Во тьме,
Огонь задувая, крадёшься ко мне,
Судьбу вырывая из рук. В тишине
Ты можешь порвать перепонки ушей,
Внезапно накрыв своим телом меня.
Мой враг и спаситель, летя в пустоте,
Спасёшь и задушишь, как пламя огня.

И снова я в пустоте. Кульбит совершают глаза.
Сплошной каламбур из цветов всех мастей и пород
Стремится меня испытать, и я слышу: вода.
Игра стоит свеч. Она плещется у моих ног.

Туман покрывает пространство воды,
Скрывая мой следующий путь.
Не слышно прибоя, лишь звук волны
И ветер врывается в грудь.
Ближайшая почва внизу, глубоко.
Остался лишь страх из всех чувств.
Вера слаба, и, идя по воде, я начинаю тонуть.

Беспомощность веры рождает страх,
И чувство близкой кончины в руках
Слабых богов заставляет забыть,
И только осталось желание жить.

Спасён! Но не сам я выгрести смог.
Сон сжалился, но что-то снова у ног
Мерещется, движется, булькает, крутится,
Сыпется. Хватит! Ничего не получится.

Глаза приоткрыв, я смотрю в потолок.
Сознание бешено мечется в такт
Движению сердца. Сегодня урок
Мне сон преподал. Мой потухший очаг
Вдруг ожил. Все чувства проснулись от сна
С другим объективом взглянув на себя,
Поняв преломления мыслей обгон,
Я вновь погружаюсь, но в вечный сон.

1993 г.

Равнина прерии

Равнина прерии, жара, восходит солнце, утро.
На дичь охотиться пора. Вот и она, как будто
Пасется метрах, может, в ста, пыль в воздухе клубится.
Голодная не меньше Льва, выходит, скалясь, Львица.
Ступая мягко по траве, холодный взгляд прикован
К тому, кто в страшном видит сне всех, чей рот крови полон,
Пригнувшись, прячет гибкий стан, охотясь против ветра,
Чтоб ни один козлобаран не пробежал и метра,

Когда упругость сильных мышц бьет жертву, словно плетью,
И острота кривых когтей заходит им под кожу,
Бежать не в силах, везде Львы, охота идет сетью,
И вот они уже толпой добычи жизнь итожат.

В глуби веков сокрыт секрет созвездий небосвода.
Одно из них принадлежит красивой сильной кошке
С характером властителя, отца всего народа.
Созвездие Льва, смотря с земли, легко укрыть в ладошке.

В любом из нас прижился зверь, который отражает
Реальность внутреннего «я», родное естество.
Уверен, каждый человек об этом точно знает,
И соответствует тому, с кем у него родство.

Теплом земля созвездия Льва из космоса согрета.
Про всех отдельно говорить не буду — не их праздник.
Быть Человеком, Женщиной, прекрасной, как планета,
Внутри себя храня того, кто смертью других дразнит,

Наверно, не совсем легко, народ тебя боится,
Конечно, уважает, но немного избегает.
Нельзя расслабиться, когда в двух метрах бродит Львица,
Особенно, когда она кого-нибудь съедает.

Да, ладно, что там, запугал, простите, коль зарвался,
Вообще, я не сторонник всяких глупых, страшных игр.
Как хищник хищника хотел поздравить, я старался,
Охоты славной пожелать. С любовью, Львице Тигр!

15 августа 2010 г.

Густая ночь

Густая ночь накрыла нас,
За горизонтом спрятав Солнце.
Луна, смотря на дно колодца,
Ветрами сдует облака,
И зная, что не на века
В твоём появится оконце,
Сияет ярче, а пока
Она мигнёт нам и не раз.

Летя на юг, нам клинья птиц
Покажут точно направление,
Где телеса ждут наслаждения,
Душа поёт про се ля ви,
И солнца жажда изнутри,
Заморских островов видения
Покажет чудо-корабли
И тысячи счастливых лиц.

Великолепие лесов,
Природы разница во всём,
Разнообразие цветов
Украсят голый чернозём.
И ветер сдует их пыльцу,
Неся растениям жизнь на вздохе,
И даже самой малой крохе
Ребёнка аистом к крыльцу,
Морщину радости к лицу,
Чтобы дела стали неплохи,
И повторить виток эпохи,
Как подобает молодцу.

И надо ж было криво встрять:
В потоке жизненной цепи,
Глотая землю изнутри,
Своим знамением Солнца век
Провозглашает Человек.
Его желанья — упыри —
Сосут все соки из земли
И не торопятся, увы,
Ей должное по существу отдать.

2 июня 2010 г.

Росток

Росток, пробиваясь наверх, к небесам,
Мечтая о солнечной ванне,
Из кожи вон лез под землёй, где-то там,
Пыхтел, не скрывая старания.

Он впитывал влагу из чёрной земли,
Стремясь на поверхность быстрее,
Туда, где плывут облаков корабли,
И чувствовал, там он нужнее.

И вот оно то, о чем долго мечтал!
Труды не могли быть напрасны!
Долез, дотянулся, доверил, достал!
Сбывается всё, что прекрасно!

И мир улыбнулся дитя своему,
Согрел стебель тёплым светилом.
Такое внимание ему одному
И всем, кому так подфартило.

Поверив душой в бесконечность весны,
Росток укреплял своё тело.
Он мылся дождём, распуская цветы,
И всё вокруг тоже добрело.

Букашки свою проживали судьбу,
Гармонии частью являясь,
Из гусениц бабочки по одному
И по одной превращались.

Жужжал над цветками рабочих пчёл рой,
Пыльцу с мёдом с них собирая.
Так частью гармонии стал наш герой,
С другими в контакты вступая.

Так время шло до логичной Зимы,
Извечный цикл вновь повторяя.
Росток породнился с землёй, дав плоды,
Весной снова жизнь воспевая.

07 июня 2010 г.

Кофе с чаем

Мы с тобой прекрасно посидели,
Познакомились, смотря в глаза друг другу.
Ты чайком, я кофе души грели,
Запуская мысли умные по кругу.

Все вокруг о чём-то говорили,
Нарушая тишину словами.
Мы с тобою кофе с чаем пили,
Но ни звука было молвлено меж нами.

Да, сказать-то можно что угодно.
Рассмешить, расстроить и расстаться.
Только мы с тобой молчали благородно,
Не мешая в мыслях наслаждаться

Ликами друг друга, томным взглядом.
Ведь не может быть, что наш союз нечаен
В этот миг, где мы с тобою рядом,
Согреваем души кофе с чаем.

Время проходило незаметно.
Посетители кафе уж растворились.
Только мы с тобой еще блуждали где-то
В лабиринтах друг у друга заблудились.

Вот и кончился с тобой прекрасный вечер,
Не приведший день к глобальной катастрофе.
Завтра будет новый день и встреча,
Чтобы снова насладиться чаем с кофе.

Февраль 2010 г.

Сад

Коварства пагубные всходы
Взрастут, вздымаясь сорняками,
Лишь лицемерия слово каплей
Падёт в иссохшуюся почву
И зашумит под облаками,
Блистая красками, цветами,
И в то же время чёрно-белый
Безмолвный сад, что между нами
Начертит чёткую границу,
Где проскочить не то, что зверю,
Но даже маленькой синице,
Проникнуть тайно, незаметно,
Подобно ветерку, бесшумно,
Витая меж растений гадких,
На самом деле, недоступно.

И, словно гений злой, степенно,
Неторопливо, будто вяло,
Уверен в лёгкости победы,
Сад превращён в большую рощу,
Где пение птиц, увы, нелепо,
Где вой волков не стоит слуха,
И громкий рёв медведей тонет
В густой листве деревьев сорных,
Проросших тайно, незаметно,
От взгляда солнечного утра,
Что не сумело розы счастья
Спасти от сорняков поганых.

1998 г.

Океан

Вдоль придорожной черты, по широкому полю,
Дальше трясины болот, сквозь пургу и туман,
За непролазным густым лесом, где-то на воле,
Плещет, влюблённый в Свободу, волной Океан.

Свой тихий мир, недоступный беспечному взгляду,
Прячет, скрывая от лишних глаз тайны свои.
Кто по любви, только тем он поёт серенаду
Парусом белой надежды играя вдали.

Ветер – помощник и друг его – дань от Природы.
Вместе порой топят землю и вновь воскрешают.
Штормы вокруг берегов ведут хороводы,
И в мёртвый штиль, обернувшись, долой исчезают.

Песнь океана – таинственный звон переливов
Звуков глубинных чудовищ – поёт из пучины,
Нежно маня, зазывая нас прыгать с обрывов,
Жизнь отдавая ему навсегда без причины.

Сколько сердец, захотевших его подчинения
В разных частях его дна в беспорядке разбросаны.
Алчностью посланы или вкусить приключения,
Но, как и клады, остались оттуда недо̀станы.

Жизнедающий и более, жизнь утверждающий,
В меру жестокий и радушный до бесконечности –
Каждый рождённый тебя любит по нарастающей –
Право дающий коснуться тобой края вечности.

Вдохи и выдохи, рифы, девятые валы,
Даль горизонта в окружности, вод бирюза
Слепит глаза, но, пройдя все подводные скалы,
Мало, кто против тебя будет. Все только "за"!

Также и я в ожидании прекрасного мига
Прикосновения тобой живу, знаю, что скоро
Под парусами изящного, крепкого брига
Будет начало нашего разговора.

20 января 2011 г.

Сон

Без устали смотря последний закат солнца –
Оно, как старая кобыла, буравит борозду –
Я буду думать и о том, что где-то это было,
И буду взглядом хоронить ближайшую звезду.

Печальны станут ночи, уставшая луна
Уже не будет освещать дорогу в темноте.
Не будет больше дня и солнца никогда,
Весь мир будет спокоен в безбрежном сладком сне.

О чудный звонкий мрак. Не надо больше слов.
Пугающая тьма родит второго Бога.
И в будущем Земли прибавится крестов.
И прошлое умрёт, как в тупике дорога.

Никто не сможет воскресить огня горячий дух.
Ни смертный, ни святой, ни мучеников стон.
И Бога не просите – он к нашим просьбам глух.
Уйдите навсегда, в безбрежный сладкий сон.

Так хочется спать, спокойного сна.
Сон – лучший лекарь, усни.
Во сне никому не сделаешь зла
И вряд ли собьёшься с пути.

Как мне дорог естественный мир моих мыслей.
Погружаясь в него, обретаю свободу.
Не мешайте, я сам буду думать о вечном,
И, пожалуй, сумею сыграть себе коду.

О я. О сон мой. Так жесток,
Оставил одного меня. Один
На перепутье грёз стою я, одинок,
И вот уж плачу я, и тень – мой господин.

Ты, баловень судьбы, скажи мне, как широк,
Как долог небосвод, и красен ли закат.
На перепутье грёз сольются сто дорог,
И по одной из них идя в рассвете дня,
Поняв, что жизнь и счастье своё я не сберёг,
Услышу за собой дыхание солдат.

1994 г.

Дом и дорога

Сердце всё чаще стучит в ожидании,
Словно по доброму кто-то рукой
Взял за плечо тебя, и расстояние
Стало короче в дороге домой.

В каждом твоём полушаге до дома
Скрытая тайна холодной тоски.
Образ всего, что тебе так знакомо
Давит порой, отражаясь в виски.

Сам не поймёшь иногда, отчего же
Радости боль испытать так охота.
Нет, не тогда, когда ты помоложе,
А когда чувствуешь где-то и что-то.

Всё так зависит от наших пристрастий,
От воспитания и настроения.
Ёкнет слегка мысль шальная, что счастье
В том, что тебя кто-то ждёт, без сомнения.

Может, пустое, может, не нужно
Между людьми проводить параллели?
Но дом есть дом, как бы это наружно
Завуалировать мы б ни хотели.

Тянет домой не сейчас, через время.
Врать бесполезно себе, да и стыдно,
Зная грамматику слов, ударения
Ставить неправильно – всем будет видно.

Что тут поделаешь, да и что тут такого?
Дом и дорога – единое племя,
Но, отличаясь один от другого,
Все ждут назад нас. Такое их бремя.

Вдоволь свободы своей нахлебавшись,
Лозунг "Вперёд" надоел понемногу.
Бодро шагаем домой, состоявшись,
Чтобы потом снова выйти в дорогу!

07 июня 2010 г.

Там, где меня нету

Несёт меня конь буланный в страну, где меня нету,
Несёт меня трезвым, пьяным, зимою несёт, летом.
Летит вместе с нами время, ни шагу не отставая,
В страну, где меня нету, но буду там точно, знаю.

Там радостно солнце светит, там всё превосходно, верю,
Там жизнь всегда после смерти, открытые настежь двери.
Зашёл - проходи, не стесняйся, хорош обивать пороги,
Растоплена баня, парься – наверно, устал с дороги.

Гость себя чувствует дома, враг опускает руки,
Здесь мне всё так знакомо... Люди, их тени, глюки...
В этой стране вволю можно найти счастье,
Только бы рядом море, даже когда ненастье.

Волны споют песню, слышную мне и рассвету.
Нету страны чудесней, но и меня там нету.
Пыль придорожная вскочит, всадника вдаль провожая,
Время победу пророчит, к ней меня приближая.

Запах её сладок, сказочны благоуханья,
Я до побед падок, им - все мои старанья,
Каждый трофей дорог, каждому своя память,
Но ни один мне не ворог, даже успев меня ранить.

Шрамы уж не убавить, да сколько их еще будет,
Главное – с удачей ладить, не победителей судят.
Длинная кольцевая жизненная дорога,
С виду как будто прямая, хоть и кривит немного.

В поиске дивного края и на вопрос ответов
Я, коня плетью стегая, мчусь туда, где меня нету,
Но обязательно буду, это мой рок, в самом деле,
Быть навсегда и повсюду... В мыслях, в душе вашей, в теле.

Вы для меня - плацдармы, новые войны века,
Горе - прожить бездарно с именем человека.
Истина в поиске водит за нос порой лета,
Так меня люди находят, так ваша жизнь спета.

16 июля 2010 г.

Наша жизнь

Откройте дверь, и он войдёт,
Дыхнёт в лицо теплом и светом,
Прохладным ветром будет летом,
Зимой согреть костёр зажжёт,
Народной мудростью воспетым,
Без плоского "А вот и я"
Растопит в душах Ваших лёд.

Виват, друзья! К кому шагнёт
Он на порог, простой и чистый,
Широкоплечий, мускулистый,
С собой куда-то позовёт,
И Вы, оставив дела быстро,
За ним пойдёте, ибо он
В Ваших сердцах живёт.

Потом! Вы будете просить его
Не отпускать Вас так надолго
В мир, где враньё сбивает с толку,
И Вы хотите одного:
Скорее стать его осколком,
Частичкой радужного сна,
Вкусить свободы торжество.

Умна! Жизнь наша, в самом деле,
Нас выгоняя из постелей,
Даёт понять, что явь — не сон,
Добро и зло, кто прав, где гон,
Чтобы вкусить её успели,
И не для красного словца,
Пока мы песни не допели,
Познали Мудрость Мудреца!

25 ноября 2010 г.

Освежение

Гремят орудия небесной канонады,
Сверкают молнии, и ливень водопадом
Смывает всё: о чем грустим, чему мы рады,
Пройдясь по небу солнечным парадом.

И мы, вдохнув озоновое зелье,
Внутри почувствуем энергии приливы,
Найдём неоспоримые мотивы,
И её с радостью потратим на веселье.

Пылая множеством огней в покрове ночи,
Откроем крышки сундуков её секретов.
На миг дорога к утру станет чуть короче,
И чуть вопросов станет меньше, чем ответов.

В лавине счастья, переполненного смехом,
Будем купаться и нырять до посинения,
Вкушать сокровища её, наполнив с верхом
Карманы жадные неудовлетворения.

И разухабистой, нетрезвою походкой
Зайти к друзьям, чтобы зажечь и их азартом,
Стереть с лица Земли печали Русской водкой,
А протрезвев, зелёный свет дать новым стартам.

Анализируя все промахи былые,
Учесть всё то, что счастью нашему мешало,
Подумать тем, что расположено на вые,
А не стараться это сделать чем попало.

30 апреля 2010 г.

Здесь Я

В растворах красок есть непонимание
Одних цветов другими, изначально.
Извечная борьба за выживание,
И в красках есть, как это ни печально.

Слоями тел своих друг друга заливают,
Изнемогают от идей преобладания.
Покроет землю снег и в скорости растает,
Как ни усердны были бы его старания

Оставить белым этот мир в потоках света,
Не дав другим цветам и шанс на созерцание.
Но солнце греет жарко, песня его спета,
И чернота земли готова к восклицанию,

Давая зелени питание и влагу,
Недолог век её, и вот уже зелёный
Не даст пройти другому цвету даже шагу,
В своё безумие по-летнему влюблённый.

Так гармонично сочетаясь с синевою
Озёр и рек, граница берегами
Очерчена пером земли с водою.
На этот счёт они решают сами.

А время всё идёт неумолимо,
Верша замену красок жёлтою палитрой,
И, как бы невзначай, лисою хитрой,
Огонь осенний запылал неугасимо.

Сжигая зелень, сам со временем сгорая,
Он дарит счастье побывать в прекрасном мире,
Где шум листвы опавшей – часть земного рая,
А спектр красок у природы много шире.

И вот на тёмные стволы нагих деревьев
Освобождённые из плена поднебесья
Слетаются снежинки вновь, без опереньев.
И белый цвет нам снова скажет тихо: «Здесь Я».

9 ноября 2011 г.

Ощущение

Как много ненужных способностей заключено во мне.
Наверное, мозга неровности, ошибка природы извне
Толкают меня в песнопения, кому-то на уши присесть,
Своими стихотворениями разбередить то, что есть.
Внутри у того, кому поровну мои ощущения и страсть,
Наверное, это так здорово, невидимую мою часть
Без доли труда, на тарелке, смотреть, как весёлый паяц
Бежит в колесе, словно белка, пустившись порой в свистопляс.
Ныряя поглубже, где мелко, скребя голым пузом о камни,
Свой стих вещает сопелкой, порою постылый и давний.
Зачем раскрывать душу зрителям? Неблагодарное племя.
Быть ангелом их и хранителем, хотя, в то же самое время,
Сорваться в пропасть Икаром, огнём зажигая воздух,
В груди молодых и старых, вонзив в их сердца посох
Магической силы слова глубокого проникновения,
Багром зацепляя снова их души в момент потрясения.
И вот они вместе со мною парят, разбиваясь о скалы,
А я их вперед, головою, а мне все равно мало.
Толкаю в исчадие ада, оставив вживых чудом,
На всё "почему" – "надо", на все "не хочу" – "буду".
Есть тайна в молчании зала, внемлющего поэту,
Жаль, что таких уже мало, а где-то и вовсе нету.
Слов оперенье – крылья, носят людей по свету.
Кто-то, найдя все ответы, падает вниз от бессилия.
В этом стихов написания главная есть идея:
Дать ощутить состояние, то, что тебя греет,
Тем, кто просто не смеет словом открыть двери
Внутрь себя, млеет, больше боясь потери
Жизни своей в бездне белых листов бумаги,
И не хватает отваги взять, что тебе полезней.
Власть волшебства слова! Так подивись чуду!
Лучше заткнись, Вова. Значит, писать буду.
О правде и неправде, о простынях постеленных,
О сломленной преграде, об ангелах и демонах.

30 июня 2010 г.

Счастье

Мне счастье выпало по-Русски говорить,
По-Русски думать и по-Русски улыбаться.
Уметь, коль надо, трёхэтажным крыть
И, только как умеют Русские, влюбляться.

Я бесконечно благодарен той земле,
Что мою душу Русским духом пропитала.
Мне это будет светом в любой мгле,
Какой бы чёрной она вкруг меня ни стала.

Дорога скользкая, тернистый путь, стекло
Хрустит зловеще, угрожая, под ногами.
По-Русски поле перейду, чертям назло,
Ведомый вдаль по жизни Русскими богами.

И если надо не сносить мне головы
В горячей схватке за свою родную Русь,
Вражины первыми окажутся мертвы,
А я по-Русски с землёй Русской обнимусь.

Октябрь 2011 г.

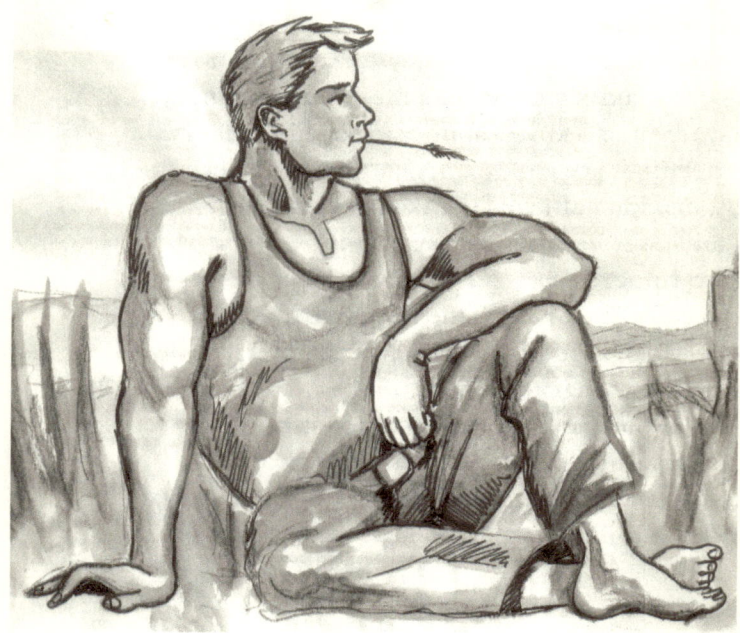

Ощущения

Россыпи

Вот бы знать, о чём писать.
Вот бы видеть, где ступать,
Слышать так, чтобы понять,
Для чего всё это надо,
Но награда — рюмка яда, жизнь привыкла обрубать
В тот момент, когда до клада лишь рукой подать.

Глядь, и нет уже надуманной невинности.
Потерялась где-то совесть от смущения.
Чёрный флаг под волны общей креативности
Приступил уже к духовному хищению.

И крещение, увы, здесь бесполезное.
Шаг ступил — считай, что сгинул в неизвестное.
Лобызания твоих желаний тесные
Помогают обоюдному общению

С тем, кто дразнит твою душу искушением,
Истирая в пыль благое воспитание.
Ты решаешься на саморазрушение,
Вдаль ведомое по твоему желанию

Обладать тем, что доступно, но кусается.
Всё возможно, даже если очень сложное.
Осторожно из тумана появляется
Идеальных форм, но всё-таки безбожное

То творение, за коим так охотился,
Пузом гладил острый камень в ожидании
Ухватить его, пока тот не опомнился
Стать добычей за недюжее старание.

Результат, идея, смысл проживания.
Каждый день прицел искал его, сердешного.
Как же всё-таки чудесно состояние,
Утонуть во глубине объятия нежного

С тем, кого так возлюбил без всяких пошлостей,
Шел и верил в правоту нелёгкой поступи.
Позади осталась трудность осторожностей.
Вот и всё, они мои, сокровищ россыпи.

9 ноября 2011 г.

Скрип колеса

Какие противоречивые чувства
Порой бурят скважины в сердце и теле,
В надежде найти вдохновлённость к искусству,
Они достигают того, в самом деле.

Различие зарядов даёт притяжение.
Чем разница выше, их тянет сильнее
Друг к другу. Они начинают сближение,
И всё завершается вновь столкновением.

Отвага и страх, наслаждение и боль,
Печаль и веселье играют с душою.
Любовь, взорвав ненависть, родит ноль
И кучу стихов, понаписанных мною.

О жизни, о Боге, о Дьяволе тоже,
О женщинах бывших и будущих, но
Внутри червячком равнодушие гложет:
Кому это надо, зачем это все?!

Сие описание нахлынувшей страсти,
Покоя пустот и драконов желаний,
Стремясь в поединке с судьбой добыть счастье,
Тошнит иногда от своих же стараний.

Возможно, я доктор души своей мутной,
Пишу всё, как есть на духу пациента,
Который порою становится нудным,
Но ни один вправе прервать киноленту.

Я счастлив! Запишем: сегодня он счастлив,
Цветы распускаются, Солнце довольно...
Теперь ненавижу! Зажарю на масле!
Связать. Наблюдать. И чуть-чуть сделать больно.

Пускай проорётся, остынет, родимый,
Погасит огня ненавистного пламя,
А завтра она ему скажет "любимый" —
И он воспоет преломление грани.

И так каждый раз, каждый взлёт и падение,
Энергия чувств переходит в слова,
Возникшие вдруг от хлопка вдохновения,
Почти как бензин, взрыв и скрип колеса.

10 июня 2010 г.

К победам

В гору, вгрызаясь зубами в гранит,
Дождь нипочём, ни палящее солнце.
"Влезть на вершину", – в ушах говорит,
"Если есть цель, значит, точно прорвёмся!"

Руки дрожат, и колени дрожат,
Тело трясётся, входя в резонанс.
Боль истирая в пыль, зубы скрипят,
Вырвав надежду на ещё один шанс.

Шанс на спасение, шанс на удачу,
Шанс, что не просто так жизнь свою трачу.
Есть устремления, идеи и цели,
Чтоб оборону прорвать цитадели.

Стяг, водружённый над новой вершиной –
Только плацдарм для победы грядущей.
Чувствую, стал я почти нерушимый.
Ранее ведомый, теперь я ведущий.

Дерево жизни моё укрепилось,
Кроны раскинув, стремясь стать всё выше.
Воля к победе со страхом простилась,
Глас его слыша всё тише.

Лики побед мельтешат пред глазами,
Все так знакомы и дороги лично.
Ветер мой флот гонит под парусами,
Воя в снастях неприлично.

12 июня 2010 г.

Декаданс

Плакала Радость от счастья, завидя победу,
Над пораженной в самое сердце Печалью,
Яркого солнца лучи распаляя по свету,
Тихо накрыла её лицо чёрной вуалью.

Сталью пронзив её тело в слепом подчинении
Стереотипам, горланящим всем о балансе
Чёрного с белым, добра со злом, без размышлений
В ране крутнула меч, дух растворив в декадансе.

Захохотала, как может смеяться злой гений.
Реки из слёз по щекам запуская напором.
Шутка ли, жизни лишить смысл своих отражений,
И покрывать своё Я бесконечным позором.

Нет, не стекло, разбиваясь на мелкие части,
И не водой её образ уносится в дали.
Всё было рядом, в руках, в её воле и власти,
И она сделала выбор, прервав жизнь Печали.

Пир горой радостен. Радость, приняв поздравления,
Чинно проводит гостей в печальные залы.
Только она правит балом теперь, без сомнений,
И за хозяйку дворца поднимают бокалы.

Парами: Чёрное, Белое, Боль и Блаженство,
Зло и Добро, Жизнь и Смерть, Враг и Друг – прокричали:
"Пьём за тебя, Радость! Ты теперь Совершенство!
Только, ты знаешь, нам жаль, что здесь нету Печали".

Молвила Жизнь: "Я старейшая здесь и всё знаю.
Смерть меня сменит, потом снова я. Мы подруги.
Если идёт впереди, я её догоняю.
Все мы во времени, все мы находимся в круге.

Но ненавидеть настолько своё отражение,
Чтобы убить его сущность и душу с пристрастием,
Надо решиться. Но дело лишь в том, что Спасение
Дружит с Бедою, и Горе идёт вслед за Счастьем,

Так что, увы, дорогая, Победа двулика.
И, как ты знаешь, двойник у неё – Поражение.
Мы поздравляем тебя, но, при всём уважении,
Это в глазах наших выглядит глупо и дико".

Радость померкла, оставшись одна в тронном зале.
"Это ли я так хотела все долгие годы?"
К ней подошло ощущение горькой печали,
Ключ забрав у ощущения полной свободы.

Радость оставила меч, обменявшись на посох,
Сбросив регалии с плеч, ордена и медали.
Вдаль уходя и вдыхая такой родной воздух,
Стала лицом в зеркалах у воскресшей Печали.

17 февраля 2011 г.

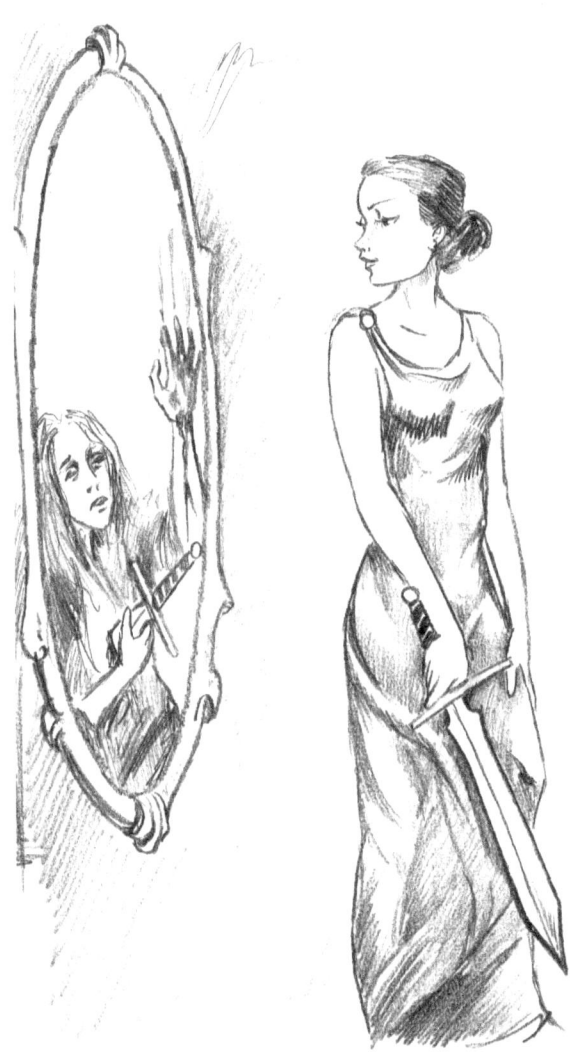

Лицемерие

Лицемерные создания маршируют по земле,
Сокращая расстояния, улыбаются тебе
И, приблизившись, вливают передоз красивых слов,
Усыпляя твоих верных часовых и верных псов.

Завладев твоим вниманием, рукоплещут, продолжая
Красть кусочками сознание, ну, а ты, как айсберг тая,
Отворяешь им ворота своих белых городов.
По мосту шагает кто-то, проходя защитный ров.

Тихо всё, охрана дремлет, на курантах бьют часы.
Ухо песне сладкой внемлет, проглотив её басы.
И радушием встречая, не проверив, кто, откуда,
В незнакомцах душ не чаем, понадеявшись на чудо
Визуального контакта... Слов медок с ушей стекает,
Смазав петли, из затакта в сердце их твоё пускает.

Ладно странник, он блаженен, за кусок твоего хлеба
Рот хвальбами будет пенен вознесением до неба.
Хуже, если тот, кто алчен, ступит шаг в твои ворота.
Вот тогда ховайся, братец, это Черная Суббота.

Вмиг, подобно росомахе, наведут порядок дома.
И казнят тебя на плахе, той, что так тебе знакома.
Только сверху, с пьедестала, где командовал парадом.
А теперь, в конце финала, голову склонив пред гадом,
Распинаешься в проклятиях доверительному чувству.
И уж смерть в твоих объятиях, к своему прижала бюсту.

Ты, взмолившись о пощаде, сложишь свои полномочия,
Неотрывно в полы глядя, убедишься сам, воочию,
Как за столь малое время царь становится холопом.
Жизнь, засунув ногу в стремя, ускакала вдаль, галопом.

И осталось тебе только существо влачить в оковах.
И вопрос стоит лишь, сколько, да и есть ли в бочках порох.
Всё – преступное доверие с восхищением глупой лестью.
Капля яда – лицемерие – черной будет тебе вестью...

Не поддайся на уловки, будь умней своей головки!

7 апреля 2010 г.

Тоска

Тишиною прикрываясь, заползает внутрь тоска
И, смущённо улыбаясь, чуть дотронувшись виска,
Обнимает твои плечи, ставит горькую на стол,
Шепчет в ухо чьи-то речи, выдавая за свои,
Алкоголем по крови поджигая всё внутри,
И сознание калеча, объявляет произвол

Грустных мыслей, ощущений, на слона судьбы взбираясь,
Начинает править балом, сквернословно выражаясь,
Топчет тех, кто не согласен с существующим порядком:
Всех, кто лично ей опасен, кто не хочет быть придатком
Всеобъемлющего гнёта, захватившего сознание.

Злоба, как из пулемёта, косит все твои старания
Улучшения состояния, видеть свет в конце тоннеля,
Подливая в кружки эля, ведя бой на выживание,
Чтобы шаг ступить не смели без всевластного контроля
Заточённые в неволе, лишь баллады тихо пели
Про твоей души раздолье, разухабистость, веселье.

Нет веселью! Люди в штатском, стуча в дверь посреди ночи,
Шестерят в машине адской. Нет, не люди, пахнут очень
Чьей-то кровью, чьим-то страхом, чьим-то духом, одним махом,
Человеческим подобием, став смотрителем надгробий.

Прочь тоска! Гоните в шею её тупопостулаты!
Она думает, что все вы — мясо для игры в солдаты.
Долга нет для государства — это миф, в который верить
Нас пытаются заставить, и аршином не измерить
Ту брехню, что нам пихают под предлогом правды голой,
Как бы ни был груз тяжёлый, разворачивайте судно,
Умирать в тюрьме паскудно, и обидно, что не видно
Просветления сознания. Глаза плачут обоюдно,
Когда терпит наказание невиновный и прилюдно.

Июль 2010 г

Депрессия

Я подавлен, расстроен и что-то ещё,
Что мешает мне чувствовать радость.
Я, как за̀мок, покрыт всерастущим плющом,
Пока крепок, но мне это в тягость.

Мимолётные сны улетают долой,
Меня голым с мечтой оставляя.
Может, просто устал, и мне нужен покой,
Иль мечта меня хочет другая.

Всё какое-то стало ненужное вдруг,
Низачем, ни о чём. Равнодушно
Я смотрю на творения собственных рук,
И мне тут же становится скучно.

Не туда я, похоже, куда-то так шёл,
В правоте убеждённый дороги.
Я чего-то терял, может, что-то нашёл,
Но осталось лишь чувство тревоги.

Вот и маюсь теперь, что же это со мной?
Ведь вчера ещё пел и смеялся!
А сегодня хочу, чтобы ствол под рукой,
Заряжённый свинцом оказался.

Пуля скажет мне всё, что так хочет сказать
Любой ею поверженной цели.
Глупо спорить с такой, поперёк возражать,
Когда та уже спит в твоём теле.

Что же всё-таки движет такими, как я,
Романтизм или сущая глупость?
Вы ответьте на это чуть позже, друзья,
Обретя превеликую мудрость.

Ну, а мне остаётся забава одна —
Свист весёлый, как написал классик.
Дозвенит моя, кем-то играя, струна,
Додрожит, доискрит и погаснет.

18 октября 2010 г.

Злость

Да, видел я. Красив пейзаж. Как боль с протянутой рукой
В великой просьбе пощадить, скрестить её с моей судьбой,
Как раб валяется у ног, а я, как Дьявол во плоти,
Что псу, кидаю ей кусок своей судьбы.
Но я не смог тираном быть ей вечным.
Сок, отравленный её рукой, я выпил.
Что ж, цвет бледных щёк не вырастил в душе её
Бесцветный жалости цветок.

Немудрено, что я постиг боль в полной мере.
На краю, с почти пустым запасом сил,
Каким-то чудом я стою. И мщу.

Нежеланным ребёнком во мне злость взращена,
Но законы людей запрещают убить
Даже мерзкую тварь, что кусает тебя изнутри.
Значит, злость будет жить.

Спи спокойно, пока не подняли руки
На отца твоего. Иногда, от тоски,
Я бужу её сам, и она, как дракон,
Во спасение Вам, извергая огонь,
Лишь на стены кидает свой взор.
Челюстей звук смыкания – гром.
И до Вас, до людей, не доносится он.
Стены глушат его. Хватит, стой, цепь, назад.
И такой детский стон.

«Обойтись без урода в семье не дано никому», –
Кто-то скажет с ехидной в ответ,
А тем временем прячет свою злость в себе,
Зная то, что она – панацея от бед.

Ненавидящий силу берёт из той злобы,
Что питает сознание его от общения
С теми, кто помог сжечь чувства слабые. Время
Лечит раны, но всё же желание мщения
Разрывает опять бастион тромбоцитов.
Снова красным дождём орасит тело кровь.
Снова слёзы от боли прожгут холст картины,
На которой ты мёртв.

1994 г.

27

Месть

Пусть сдохнут все мои враги.
Клеймом позорным будет им
Та зависть, что погубит их,
Являясь палачом одним.

Пусть сдохнут все мои враги.
Судьёй им буду я.
Мой приговор будет суров,
И даже бывшие друзья,

Законам дружбы вопреки,
Разбив фундаменты основ,
Занесены будут в словарь,
В мой чёрный список чёрных слов.

На теле раны, заживя,
Напомнят им, как боль сильна.
И громкий стон, как водопад,
Омоет мёртвые уста.

И закричат, открыв свой рот,
Прося о милости. И лесть,
Как падаль, проливая кровь,
Попробует заставить съесть её,

Как жирную овцу,
Саму идущую на смерть...
Слюною бешенства плюя в неё.
И больше дыбом шерсть.

Голодный зверь готов на всё,
Чтобы достать себе обед.
Питанию моей души
Лишь месть даст правильный ответ.

1994 г.

Тоска поэта

Может, не надо больше писать?
Просто застыть монументом,
Сгрызть карандаш, спрятать тетрадь,
Дав отпор всем сентиментам.

Руки в карманы и рот на замок,
Мысли гнать прочь от сознания,
Вспять повернуть неуёмный поток,
Проза стихов написания.

Кроме меня, никому этот бред
Дум не несет плодотворных -
Значит, без славы, идей и побед,
Без королей и придворных

Будет в повозке катить моя жизнь,
Лужи дорог объезжая,
И в голове нету "ян" или "инь",
Машут рукой, изчезая.

Буду держать в туалете листок
Местной пахучей бумаги.
Он мне поможет убрать, что я смог
Выдумать, сидя в засаде.

Проникновение, рифма, идея,
Корчась в темницах написанных слов,
Скажут "спасибо" на воле скорее,
Мимо летя их ловящих голов,

Тех, из которых моя, однозначно,
Думает, верит, слагает стихи,
Радует, если какой стал удачным,
А никакие – списать на грехи.

Ручки мои, как же вас глупо прятать,
Мысли мои – моя песня и флаг.
Что-то расквасился сегодня я, лапоть,
Ладно, забыли, бывает и так.

7 июля 2010 г.

Страх

Я выну сердце из груди твоей. Тебе оно некстати.
Среди людей и нелюдей, ты где-то между, сзади,
Плетёшься в сумраке ночном, гиеной жалко воя,
Несёшь с собою мусор в дом, живя с клеймом изгоя.

Оставить жить тебя? Увы, такой я власти не имею,
Распоряжаться этим. Ты помрёшь смертью своею.

Как странно на своём пути, твоё присутствие вокруг
Распознавать, как ни крути, идя на следующий круг.

И снова чувствовать, что здесь тобой испорчен воздух.
В любой дыре, куда не лезь, ты будешь, даже сдохнув.

Жизнь превращается в кошмар,в бессмысленность движения:
Найти единственный удар тебя уничтожения!

Болото взвоет из глубин, коль ступишь в его жижу.
Ты на Земле такой один, других таких не вижу.

И каждый раз ногою дверь моей души с размаху,
Ты выбиваешь, подлый зверь, в неё вползая страхом.

23 декабря 2010 г.

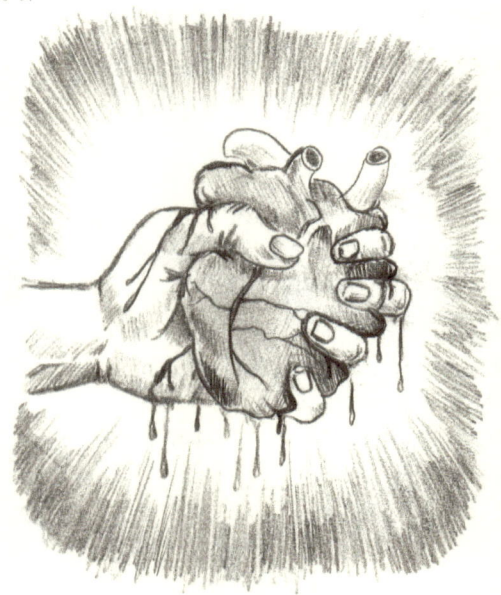

Титаник

Кто-то решил за меня, что закончился праздник,
Хватит мне жить под счастливой звездой сладострастия.
В последний поход ухожу, как несчастный «Титаник»,
Заведомо зная, что выгрести мне не удастся.

Что смотрите Вы на меня настоль обречённо?
Разлука навечно со мной. Кто-то будет доволен.
Смотря в пустоту, я не вижу былого безумия,
И знаю, что в жизни не справился с данной мне ролью.

В последний миг жизни, в бреду совершенства достигнув,
Поняв, что друзей постепенно, как время, теряя,
Остался один. Отшельника мысль, мимолётно
Пройдя сквозь извилины мозга, всю память стирает.

Распятая память. Наверно, ей так одиноко.
Воскреснуть, как Бог, — по силам только лишь Богу.
На теле её не могу прочесть ни полслова.
Лишь шрамы я вижу, глядя на неё сквозь бинокль.

Раздел некролог. Ищем дело. Записки больного.
Последняя строчка гласит: «Умер собственной смертью».
Я знал, сколько надо мне жить, что же в этом плохого,
Что я не скрывал, сколько раз доставалось мне плетью

По сердцу, по нервам от жизни. Хотелось быть стойким.
Держать знамя выше, показывать то, что я сильный.
Кому? Ведь себя не обманешь нисколько.
И к счастью, правда бывает только стерильной.

Ах, правда. Страдания, мучения и вера.
Великие люди за правду в кострищах горели.
А мне не судьба, не родился в безумное время,
И даже сейчас не могу быть хотя бы расстрелян.

Пришлось приговор себе выносить. Не столь важно,
В каком катафалке поеду по смертной дороге.
Пуля, верёвка, стрихнин себе — очень уж больно.
Везут пусть других, меня понесут мои ноги.

Медленно, тщательно, обдумав всё, взвесив и сделав,
Сожмусь воедино в комок из мыслей и нервов.
Сомкнутся глаза. Видение беспомощной жизни
Вдруг станет снарядом слепым, в меня пущенным первым.

1994 г.

Демон

Утони в своей собственной важности,
Безобразное, неспособное.
Не поднять тебе вес своей тяжести,
Или что-то хотя бы подобное.

Ты, наверное, даже, описаться,
Можешь только лишь с чьим-то участием.
Надо ж было родиться несчастьем
И прыщом на поверхности выситься.

Я бы понял судьбу, провидение,
Что у всех право существования
Есть, но здесь я, увы, без желания,
Соглашаюсь с тебя лицезрением.

Отвернуться, забыть, как ты выглядишь,
Растоптать облик твой в своей памяти.
И пощады моей ты не выпросишь,
Не отломится с моей скатерти.

Ты ошибка природы, я знаю,
Неопознанная, нелетающая.
Как умею, тебя проклинаю,
Это делая по нарастающей.

Ненавидеть тебя — душой пачкаться.
Равнодушно смотреть нет возможности.
Возлюбить вопреки, подурачиться,
Не вникая в особые сложности?

Нет, увольте, такое немыслимо!
Нет любви полотна белоснежного.
К чёрным кляксам, в которых завистливо
Воет демон всего неизбежного.

9 ноября 2011 г.

Любовь и женщины

Любовь

Любовь прекрасна и чиста, в любви смыкаются уста,
Она достачоно проста, ее душа почти пуста,
Нежна, покладиста и ро̀бка, и, вьясь у ног, влезает ловко
К нам на колени, мирно блея, всегда весной в носы нам веет
И шерсткой ластится к рукам, растрогав нас и тут, и там.
Свершилось! Бдительности – ноль, сказав ей шифр и пароль,
Мы, на столе просыпав соль, в своих сердцах почуем боль.
Она, сыграв чужую роль, лягушкой прыгнет нам на грудь,
Вползет змеёй, не дав вздохнуть. И тут уж ты не обессудь,
Зубами хищника вонзит в наши сердца свой силуэт,
Очень похожий на стилет, и вот, с тобою тет-а-тет
Она о чем-то говорит. И уж назад дороги нет.
Сначала мило, как игра, заставит вспомнить всех, кто был
С тобою рядом до неё, кого ты, кто тебя любил.
Потом сравнит, и понеслась: "Я та, кто нужен для тебя!
Душою всей твою любя, сведу с ума. Ведь это я
Бессонницу тебе дарю, адреналина килограмм,
Поверь, и кровушки попью твоей, конечно, и мадам.
Другие чувства просто хлам, ты будешь счастлив! Мне поверь,
Не будь Любовью я твоей!"

19 августа 2010 г.

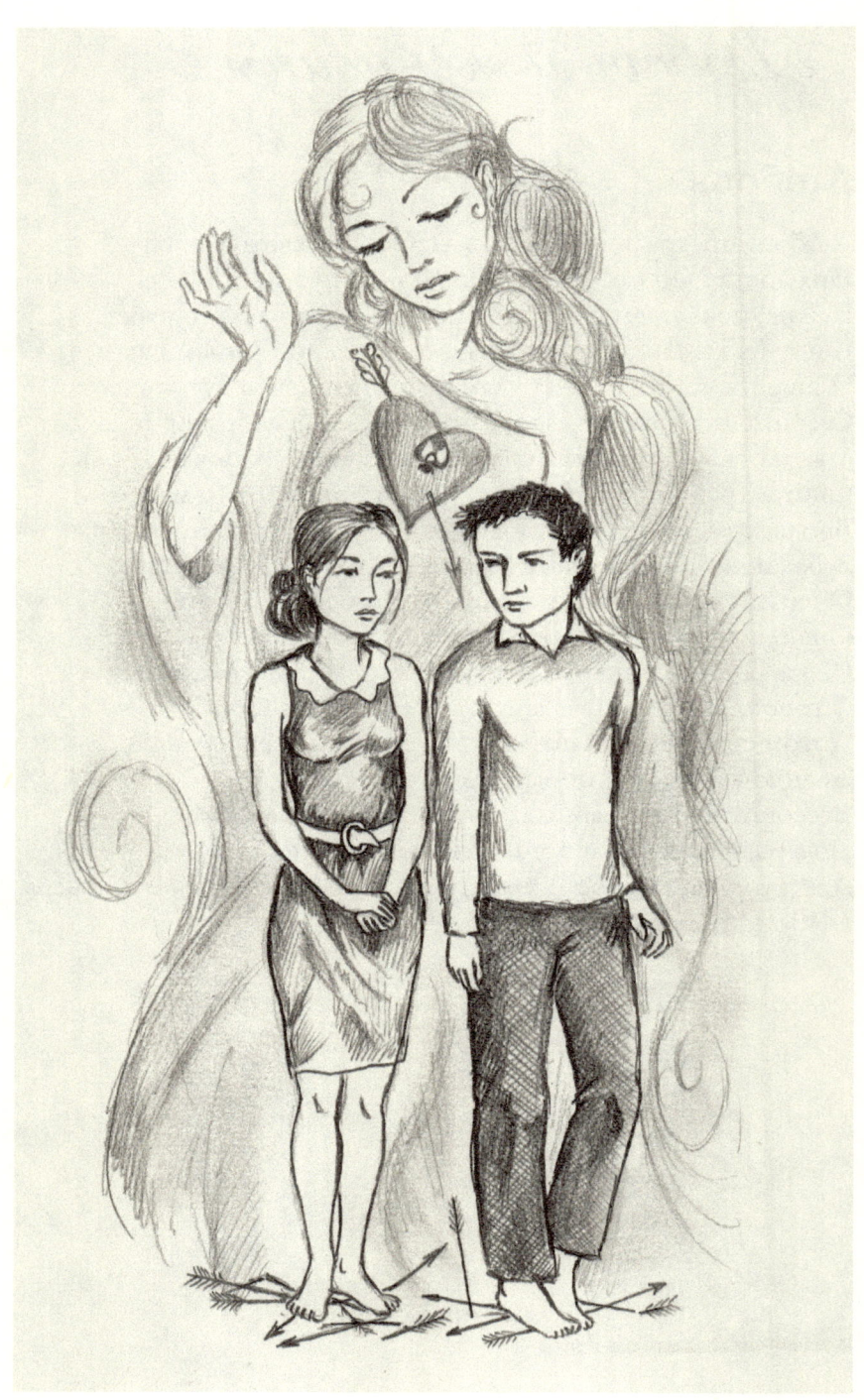

Цель

Энергия сжатой пружины направлена точно на цель.
Курок механизма во власти решающей мысли победы
Желания ворваться от страсти, запрыгнув к девчонкам в постель
В великом походе за счастьем, фигурой в носу у торпеды.

Сомнения рассеяны в прахе сожженного убеждения,
Сующего палки и страхи в колёса мои наслаждения.
Достигнута лестница в небо, точнее, её первый шаг.
Ступень за ступенью – и смело, вперёд, и больше никак.

Наверх, это сладкое чувство, самим быть собой до конца.
Собой наполнять там, где пусто, где нету меня – наглеца.
И будет, поверьте, недолог, оставшийся путь до вершины.
И женщинам всем заявляю, что лучшего в мире мужчины

Увы, им навряд ли удастся найти, но это и лучше.
На всех меня всё же не хватит, но кто рядом есть, я их тут же
Согрею своей теплотою, окутав вниманием и лаской,
Чтоб жизнь показалась простою и доброй счастливою сказкой.

2010 г.

Любовь приходит

Любовь приходит, как оно бывает,
Весенним солнцем, в душу постучавшись.
Усталый снег немедленно растает,
С небес подмоги так и не дождавшись.

Ворвется криком птицы в твою душу,
Весёлой трелью Лето предвещая,
И ветер с моря, мчащийся на сушу,
Согреет тебя, плечи обдувая.

И вновь заколосятся урожаем
Бескрайние поля твоего сердца.
Плоды по Осени обычно пожинаем,
Упрятав их за потайною дверцей.

Снежинка о Зиме споёт нежданно,
И холодом повеет нам с Востока.
Любовь уйдет от нас не поздно и не рано,
Чтобы Весной вернуться снова издалёка.

18 февраля 2010 г.

Красота

В любой стихии бытия и духа состоянии
Флюиды женщины всегда обуревают мной.
Её прекрасный лик сравним с вершиной мироздания,
Падение к ногам её вершимо красотой.

Я был неправ, когда был твёрд в нелепом убеждении,
Что красота играет роль не больше остального.
Я признаю неправоту, в надежде наслаждения
Опять тобою обладать. Прости меня такого.

Я не за скучную любовь, воспетую Платоном,
И страсть соития во плоти во мне кипит вулканом.
Ведь как приятно лицезреть красавицу с бутоном,
Её прекрасный видеть лик в созвездии тумана.

Насколько важно для меня живое вдохновение!
Оно, как влага для цветка, как ключ к запретной двери,
Являет тайну бытия на свет для обсуждения,
На волю мысли отпустив и позабыв потери.

31 марта 2010 г.

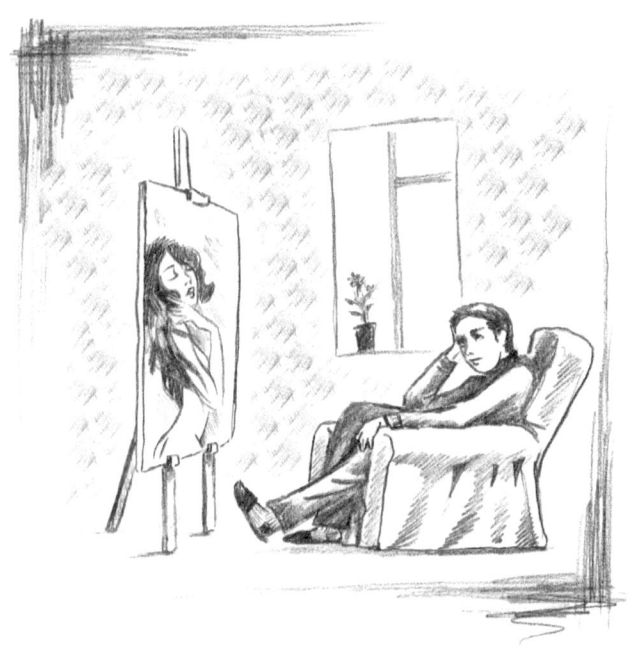

Милая моя

Я с тобой не согласен, любимая —
Ты мне — белое, я тебе — чёрное.
Предстоит нам дорога длинная,
Вместе мы с тобой обручённые.

Твоё мнение ценю драгоценное,
И вообще, ты своя в доску, классная.
Будем пить с тобой пиво пенное,
Но сейчас, извини, не согласен я.

Что ты злишься порой, что ты скалишься,
Обходя глубину чувств вниманием,
Я ж не знал, что ты мне так понравишься,
Что займусь твоим воспитанием.

Что важней тебе, для себя реши,
Я такой, как есть, это наша жизнь,
Я связал свою судьбу с твоей,
И, поверь мне, это от души.

По дороге, ведущей ко всем чертям,
Мы с тобою до райских ворот дойдём,
Я тебя никому, слышишь, не отдам,
И любовь моя только здесь причём.

Верю, нам суждены дни весёлые:
Перейти всю жизнь из начала в край,
Продолжать свой род — дело клёвое.
Я тебя люблю, главное — это знай!

Ай, милая моя, дорогая женщина.
Всё только для тебя будет, как обещано.
Как жил я до сих пор, мне уже не нужно знать.
Глаз твоих ясный взор помогает Землю мне вращать.

1 декабря 2010 г.

Женские глаза

Искушенный цветом очей разных,
Подумай ещё раз!
Чтоб из вод уйти опасных,
Необходимо знать коварство женских глаз.

В зелёных дивный блеск изумрудов,
Величие прекрасного камня.
Богатство, сокровища груды
Бросают, безжалостно раня.

На дне синих глаз глубина океанов,
Прозрачная темень пучины
В свой водоворот завлекает обманом,
И топит порой без причины.

Карие из никуда в ниоткуда
Крадут покой из карманов.
Их хватка любви – укус барракуды,
Навечно в орнаменте шрамов.

Под натиском чёрных глаз сразу сдаюсь,
Без боя отдав белый флаг –
Дерись – не дерись, всё равно остаюсь
С понятием "сам себе враг".

Но самый коварный цвет – хамелеон.
Не портя обычно картину,
Влюбляя в себя, охотится он,
Удар нанося ножом в спину.

Но жить невозможно без них, хоть убей.
В них страсть, чего нет у машины!
Подобие страсти чуть есть у людей,
Название которым "Мужчины".

И женским глазам поклоняемся мы,
Стихи пишем, песни, и даже
Меж нами в них есть неизбежность войны.
И цвет здесь не так уж и важен.

15 сентября 2010 г.

Желание жить

Жизнь научит многому и даже
Поступает с нами так, как хочет,
И порой наш опыт не так важен,
Если кто плохого напророчит.

Но грузиться надо ль, в самом деле?
Надо жить на зависть самому же!
Веселиться, петь, пока есть силы в теле,
Пока "было", "есть" и "будет" вместе дружат.

Горемычны мысли тусклые в печали.
Обойду я их, пожалуй, стороною,
Чтобы счастье с радостью меня встречали,
Ковёр красный устилая предо мною.

Я пойду по нему поступью султана,
Отражаясь в море глаз девиц прекрасных,
Отдам всё, что есть, без лживого обмана,
Чтобы стало у них дней меньше ненастных.

Только праздник и красивые улыбки!
Только смех без правил будет доноситься
Из хором моих, и женщины, как рыбки,
Золотыми будут в сеть мою ловиться.

Лепестками роз перины будут в ложах,
Источая возбуждением благовония.
Мои девы, в преестественных одёжах,
Сладострастно будут ластиться спросонья.

Я нырять меж ними буду, словно в волнах,
Ни одну не пропуская мимо.
И вино пьянить нас из бокалов полных
Будет допьяна, под песни Херувима.

В назидание бессмысленым невеждам,
Осуждающим путь жизни мой распутный,
Я сорву пред ними все свои одежды,
Чтоб чуть-чуть хоть стало стыдно мне как будто.

09 сентября 2010 г.

Хочу

Хочу, вокруг чтоб женщины ходили
В великом множестве, и лучше без одежды,
А мы, мужчины, стоя за них пили,
Чтоб не подумали они, что мы невежды.

Коль хочешь каждую, колени преклоняя,
Проси её руки пред входом в ночи,
И, на ходу с себя трусы снимая,
Срезай углы на виражах к ней, так короче!

Словами сладкими ей уши протыкая,
Целуя шею от прекрасных плеч и выше,
Легко откроешь для себя ворота рая
И ты почувствуешь, чем сердце её дышит.

Падите вниз, все горести и боли!
Я отряхну с себя пыль неудачи.
Желание женщины, увы, сильнее воли,
Желание радости сильней желания плача.

О ты, двуногое прекрасное создание!
Твоим живу, мечтая, обладанием,
Пронзить своим насквозь твоё сознание,
И стать единым целым так, как ранее.

Ибо сие является исконной,
Великозначимой идеей проживания.
Твой лик хранится с каждою иконой.
На части душу рвёт с тобою расставание.

Наверно, смысл жизни в женском теле,
В её душе, движениях и безумии.
Любыми правдами нырнуть в её постели,
Послав к Чертям своё благоразумие!

Любить до дна и быть любимым ею!
Уверен, цель достигнуть эту можно!
Прекраснонежную в объятиях нежить фею
И счастье пить глотками, осторожно!

05 июня 2010 г.

Голые женщины

Голые женщины – счастье бездонное,
Света лучи в одно объединённое,
Целое, нежное, сладкое. Воля на вас моя падкая
Смыслом являетесь жизненным,
Взглядом в мой мир укоризненным.

Ветер, наполнивший парус, топливо для мотора.
Как же без вас я маюсь, словно ушла опора.
Солнце уходит в тучи, вежливо извиняясь.
Нет голых женщин круче, как бы мы ни старались
Перед собою цели ставить совсем другие,
Без женщин даже постели, стыдно сказать, нагие!

Плавность движений, грация, запах и тонкие линии,
Аплодисменты, овации, с вами становимся сильными,
Горы равняем с плоскостью, вершим порой невозможное,
Ходим по краю пропасти, чихая на всё осторожное.

Лишь бы привлечь внимание глаз противоположностей,
И победив в состязании, стать без особых сложностей
Их телообладателем. И, разделяя, властвовать,
Веруя так старательно в то, что они участвовать
В этом не будут процессе. Как же мы ошибаемся!

Каждой такой вот принцессе, яркой и улыбающейся,
Хочется быть у штурвала! Не рулевым – капитаном!
Это, ни много ни мало, зовётся самообманом.

Женщины едут налево, даже когда рулим вправо,
Так как они королевы, мы лишь скандируем "браво".
Но, при всём этом, заметьте, нет хвастовства без причины,
Гордость в невыгодном свете выставят только мужчины.

Нету стратегов умнее целей желанных добиться.
Нам бы у них поучиться, став хоть немного добрее.

Мы тонем в собственной важности
Жизненной необходимости,
Порой не скрывая жадности до их красоты и невинности.
Они отдают нам преданность, заботу и ласку матери,
За нами идя в неизведанность, пока свою жизнь не потратили.

Поклоны земные в полы, прекраснейшим этим созданиям,
Виват женщинам голым! Спасибо за них мирозданию!

22 июля 2010 г.

Бог

Человечество скучает, когда, вместо кофе с чаем,
Пьёт водичку из-под крана. Его взгляд в тот миг печален.
Да и кофе с чаем тоже блеск в глазах продержат, может,
Ровно, сколько заключённый чифир гонит обречённо.

Укусить себя пытаться человечество стремится!
Всех хозяин ситуаций, но нет сил остановиться,
Расчленить себе подобных на куски, порвать на части,
Кровь фамилий благородных пить дождём из кубка власти.
Проклинать и жить в проклятии, гвоздь вбивать в своё распятие,
Потому что человеку на Земле подобия нету!

Нет врагов на всей планете, истребить его хотящих.
Он, счастливый, мертв в кювете, под полётом пуль свистящих,
Что отлил себе заранее, чтоб на всех почти хватило.
Он играет расстоянием между "будет", "есть" и "было"!

Головой своей кивает, убеждая сам себя же
В том, что люди убивают! Так что будь, братан, на страже!
Враг не дремлет, враг опасен, враг не спит, он тебя видит!
Он по-своему прекрасен, порой мухи не обидит.

Но ты есть в его прицеле, Он – исчадие зла! Причина?
Две причины в самом деле: первая из них – Мужчина!
Кровожаден и тщеславен, змием вьётся под ногами!
Может, в голову был ранен. Это вы решайте сами.

Не уверен в своих силах, из-за этого, без толку,
Рвётся в бой в порывах милых зубы выложить на полку.
Прикрывая недостатки его собственной природы,
Потакает мыслям гадким. Так проходят его годы.

Он растёт и больше хочет территорий, славы, денег,
Совершенствует оружие, угрожает, неврастеник.
Ему мало, он страдает, затянув петлю потуже,
Человека в кровь макает, с каждым разом глубже, глубже!

Это чудо-наслаждение, лицезреть свои народы,
Предают себя забвению, по желанию уродов.
Но уродец управляем, словно детская игрушка.
Когда нужен, поиграем. Когда нет, марш под подушку.

Каждый гоблин под пятою совершенного создания!
Он стремится к нему кровью, ненавидит, почитая!
Те оковы нерушимы, и надеты добровольно.
Формы их необъяснимы, но без них не просто больно!

Сущность, изнутри взрываясь, жаждет снова их объятий.
И на дно, к Чертям, спускаясь, гоблин лижет подол платья.

Вот он, свет в конце тоннеля, предсказуемый судьбою!
Женщина – коньяк с похмелья, став причиною второю,
Рулит миром, человеком. Глубина её амбиций
Бесконечна! И по рекам, просочившись за границы
Вседозволенных желаний, власть всю держит между ног,
Разведёнными ногами даст понять нам, кто здесь Бог!

23 сентября 2010 г.

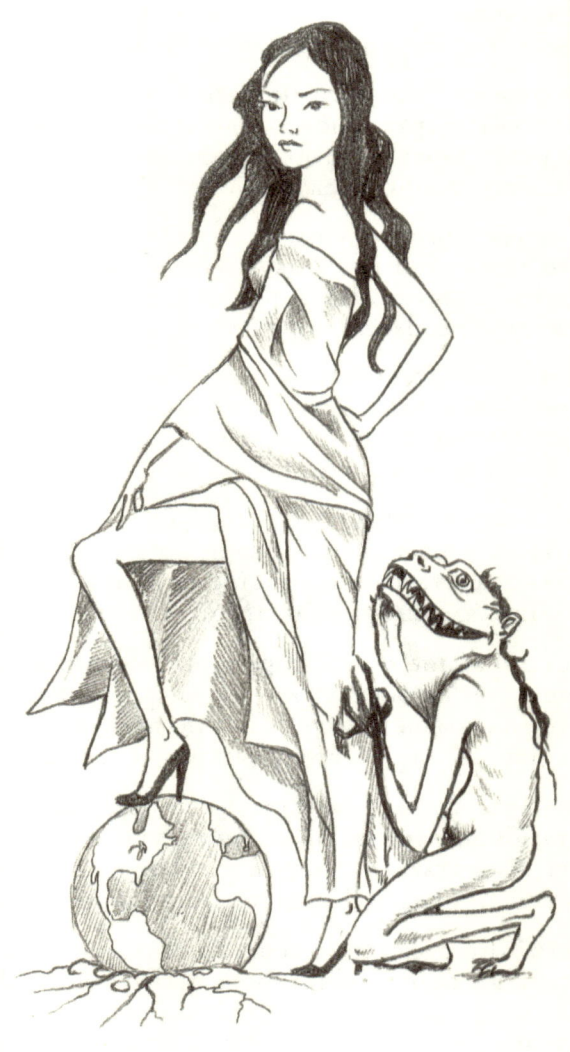

Обращения

Музе моей

Я так давно тебя не видел и не слышал,
Как будто важный кто-то прочь из меня вышел,
Но я не смею поперек быть проведению,
И ожидаю снова музу с вдохновением.

Мой милый друг. Сверкая яркою улыбкой,
Ты достаешь до дна моего сердца.
И все сокровища – твои, когда ты рыбкой
Внутрь заплываешь сундуков с закрытой дверцей.

Смотря на лик твой, я тебя бесстыдно нежил
В своих объятиях и в своем воображении.
Признаюсь, там я самолюбие утешил,
С тобою сделав, что хочу, без напряжения.

Но велико мое падение и уныние –
Опять почувствовать полет, но понарошку.
Увы, плоды из псевдорога изобилия
Не наполняют ни живот, ни даже ложку.

Однако это мне дало с горою много
Насытить страстью свою душу и любовью,
Понять, куда ведет меня моя дорога,
Предпочитая стих простому пустословию.

Я ожил снова в качестве поэта.
Слова и буквы полились опять рекою.
Не знаю, надо ль будет всё кому-то это,
Но честен я остался прежде пред собою.

Спасибо, ласточка, тебя любить я буду
Всегда за то, что ты, моя принцесса,
Явилась Музой, сотворив со мною чудо,
Найдя чудовище из озера Лох-Несса.

Я думал – всё, руке моей уж боле
Не танцевать с пером фокстроты на бумаге.
Теперь любуюсь ими, как они на воле
Рисуют буквы, словно символы на флаге.

За талию перо прижав покрепче,
Шаги классического танго незнакомы.
Порхают пальцы в свистопляске, пуха легче,
Совсем забыв, кто здесь ведет, а кто ведомый.
Выписывают мыслей извороты,
Порой таких лихих, что спасу нету.
Открыв себе тебя, я знаю, кто ты –
Одно из качеств, данное поэту.

Все ты в этом виновна, моя дева,
За что тебе поклон от меня низкий.
Мой стих без музы – песня без припева,
Пусть даже между нами путь неблизкий.

И в благодарность тебе, я дарую слово:
Когда удастся мне собрать всё воедино,
Издастся книга, та, где автор Томшин Вова.
Названия нет пока, но это объяснимо.

Приеду я к тебе, коль мне позволишь,
Вручить с афтографом моих рук написание,
Спрошу рукой твоей вписать себя всего лишь
В мой экземпляр, как муза этого создания!

Вполне возможно, ни одной из этих строчек,
Которых знаешь, ты там не увидишь.
В плену цензуры и различных заморочек,
И "Mein Kampf" не так переведут на Идиш.

Итак, на сегодня, Люда, думаю, что хватит.
Послание долго, но оно не бесконечно.
Когда поэт и муза вместе ладят,
Только тогда искусство нужное и вечно.

Быть музой очень просто, особенно моей.
Сидишь на троне просто, с улыбкой до ушей.
И минимум одежды, а лучше без неё,
Ты красотою нежной найдя во мне своё,

Ласкай мой взгляд без капли ненужного стыда
Со мной он нужен вряд ли, пустое, ерунда.
Вопьюсь в тебя вампиром, глазами пожирая,
И подарю пол мира, тебе стих сочиняя.

Ты Муза, спору нет, тобой пропитан воздух,
Тобой дышу и я, в себя вдыхая твою жизнь,
Но хрупок тонкий мост, увы, используй лучше посох,
Идя вперед навстречу мне. И да не возгордись!

Ярче яркого огня улыбаешься ты всем,
И улыбка свежесть дня улучшает без проблем
На тебя весь люд смотря, уже счастлив только тем,
Ну, а я, тебя любя, все же остаюсь ни с чем...
Лишь слова, слова, слова, рифма, ритм и вдохновение...
Вылетают в никуда в честь тебя стихотворения!

К тебе Любовь бессмертна! Ты же Муза!
Она лишь затаится ненадолго,
Чтоб с силой новой нашему союзу
Придать еще значения и толку!

10 августа 2010 г.

Отражение

Тепло, за окном дует ветер. Нелепо
Ловить в лабиринтах сознания мысли.
Они, извиваясь, уходят, в ладонях
Оставив свой след, непростительно чистый.

Зеркал отражение смеётся украдкой,
Печально смешно самому — не дано
Познать тайну сил и бежать без оглядки
Из дома, усевшись на птицы крыло.

Я знаю, кто Вы, хоть с Вами не знаком,
Но знаю, что Вы можете почувствовать, поняв,
Как глупо то слияние сторон и невозможно.
Даже не узнав, умру, не зная имени, ни то,
Что за чертой сознания живёт,
Какие мысли будут в тот момент,
Когда за зеркалом он, мой двойник, умрёт.

Не в силах даже руку протянуть,
А впрочем, я не знаю, нужно ль Вам
Здороваться со мной, но жизни путь
Придётся Вам пройти со мной, и нам
Не стоит ссориться по всяким пустякам,
Плевать в лицо друг другу, ведь смешно
Бить хрупкое величие зеркал,
Общению которое важно!

Февраль 1999 г.

Заходи

Заходи!
Я давно тебя ждал,
Я даже немного устал
Ждать тебя. Заходи!

Присядь,
И, может быть, снова
Ты скажешь пол слова мне.
Присядь.

Не смотри
Так серьёзно,
Всё давно уже в прошлом у нас,
Я понял давно.

Летят годы,
Но голос твой не изменился,
По-прежнему чистый, как лёд,
И тихий, как ночь.

Не надо слёз!
А, это дождь, на улице осень,
Совсем забыл,
Если можешь, прости.

Уходишь уже!?
Да и мне пора спать,
То время, что мы были вместе,
Считаю – не зря.
Прощай.

Февраль 1998 г.

Тучам

Тучи, тучи, побыстрее
До отказа заполняйте
Бездну голубого неба,
С вожделением поглощайте
На земные вид создания,
Для кого защитой лучшей
Вы являетесь на время
От стеклянных глаз созвездий,
Что не против тоже глянуть
На творение земное.

Как девица молодая
Под покровом шкур медвежьих,
Солнце красное утонет
В чёрной бархатной пижаме,
Охраняющей источник её благосостояния
От ненужных лучей тёплых,
Испарения, иссыхания.
Повышающая влажность
Атмосферного создания –
Чем пока мы ещё дышим,
Воздух – наше достояние.
Тучи, будьте вечно живы.
Встаньте прочною границей
Между космосом и нами
Иль одною тучей грозной,
Или просто облаками.

1998 г.

Девочка Смерть

"Привет, как дела, чё почём, ты устала?"
— Наброшу на плечи пальто.
"Я так, на секунду, проверить, — сказала,
— И время твоё не пришло".

— Да нет, проходи, я тебе очень рад!
Присядь, расскажи, где витаешь, родная?
– Я здесь, я всегда, дорогой комарад,
Витаю с ключами от Ада и Рая.

Однажды, когда ты устанешь в пути,
И вспомнишь про старую добрую фею,
К тебе прикоснусь и, прижав к груди,
Тебя отнесу на руках и согрею.

Туда, где рассвет никогда не проснётся,
И поздний закат охладит твою кожу,
Луч солнца, увы, до неё не коснется... туда, где кончается
Жизнь, и рождается тоже.

Уверенность в завтрашнем дне через ночь
Придаст мне больше сил.
Вполне вероятно, что жизнь мне подарит
Гораздо больше, чем я попросил.

Я вам всё отдам, лишь коснётся меня
Дыхание подруги моей,
Когда унесёт меня Девочка Смерть
В долину пологих теней.

К чему же тогда это всё и сейчас
Случается именно так?
Друзья и враги, жены, дети, семья,
И всё же мы делаем шаг

Туда, где пространство и время для нас
Значение имеют едва ль.
Уснём, чтоб проснуться, а Девочка Смерть
Заполнит собою печаль.

Я посмотрю налево, назад, и я увижу её,
Стоящую рядом,
Так близко и так далеко, меня видя насквозь
Выразительным взглядом.

Всесильная Девочка Смерть у каждого есть, и только она
Желает спокойного сна, желает спокойного сна.

Апрель 2010 г.

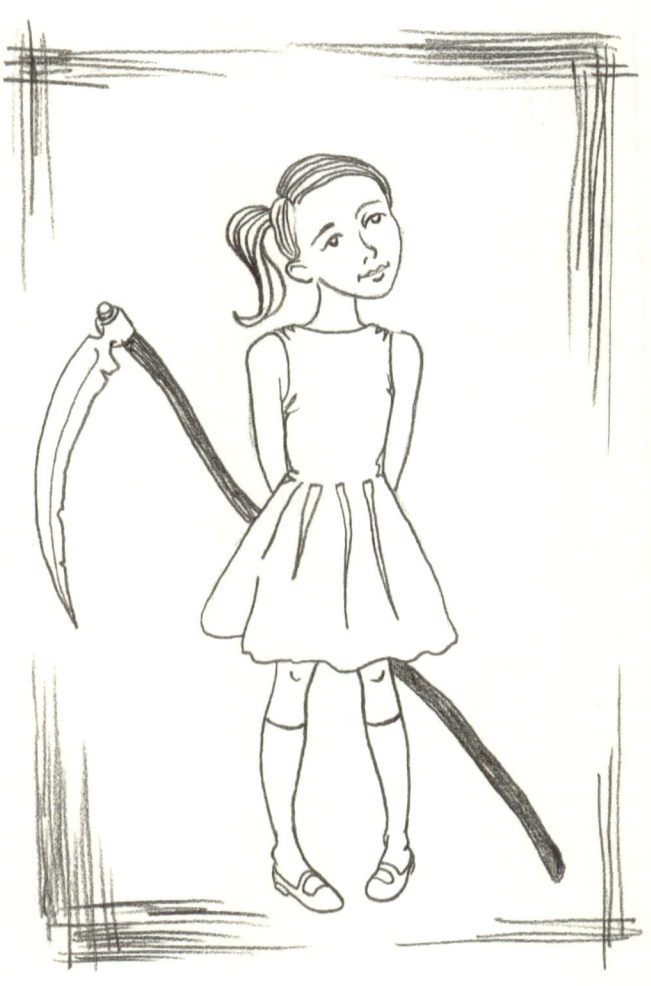

По белой полосе

Там где-то кто-то плачет.
Там, где шумит водопад слёз
И не может быть иначе,
Всё всерьёз, всё всерьёз.

Берег ласковый и тихий.
Берег, солнце и песок,
Но доплыть до суши кто-то
Вряд ли смог. Вряд ли смог.

Крылья шириной с пол неба,
Крылья счастья и веселья,
Но не взлететь до крон деревьев —
Нету перьев, перьев нету.

Дождь бродит одиноко,
Плачет крупными слезами,
Так как мир погибнет скоро,
Но не с нами, но не снами.

По белой полосе я до чёрной дойду,
Перенесу тебя через неё.
На медленном огне своё горе сожгу,
А вместе сним сожгу горе твоё.

Февраль 2000 г.

Я знаю

Дверь на ключ, ветер прочь не с тобой уносит вдаль
Руки жму огню, боясь сделать всё не так.

Как Весной по траве, в Мае месяце, босой,
Я бегу, чтоб взлететь не с тобой, не с тобой.

Лето теплым ветром в грудь бьёт ключом, верю я,
Что с тобой встретимся, может быть, когда-нибудь.

Осень, птицы улетят, заберут меня с собой.
Не с тобой улечу, крылья распахнув.

Холод разделю, Зиму пережду с другой
И теплом поделюсь не с тобой, не с тобой.

Годы мимо пролетят, как сквозь пальцы рук – песок.
Мысль, что не с тобой прожил, пулею в висок.

Я знаю, что ты где-то есть,
Я даже знаю, что мы будем вместе.
Но не сейчас, не сейчас.
Может быть. Когда-нибудь.

Декабрь 1999 г.

Я ухожу

Кто знает, как с тобой зашли мы далеко?
Но слёзы на глазах твоих мне говорят, что
Нелегко тебе со мной.
Да, я такой, не изменить и не исправить,
Как поле после листопада в зелёный цвет,
Как никогда не станет белым чёрный свет.

Только лишь в одно верю я теперь, что
Где-то там такая же, как ты? на свете есть,
И ждёшь меня, и я приду.
Где-то вдалеке полночный свет
Манит меня с собой, грядёт рассвет,
Но ты молчишь, и я молчу.

Порастеряли мы с тобой жемчужины любви.
Искали в темноте мы их, но так и не смогли
Найти их свет, блуждая в лабиринте судеб,
Пытаясь выдавать, что было, за что будет.

Только лишь в одно верю я теперь, что
Где-то там такая же, как ты, на свете есть,
И ждёшь меня, и я приду.
Знаю, что меня там ждёт весна.
Только там не ты, не ты. Она.
Но ты молчишь. Я ухожу.

Декабрь 1999 г.

Море

Наверно, жизнь, как никогда, проходит поминутно.
Зашёл куда-то не туда, и, кажется, как будто
Моей душе из этих мест назад дороги нету,
Но указующий твой перст меня направит к свету.

Я вижу тень твою в тени и в образах – твой образ.
Я жду тебя, считаю дни, в себе твой слыша голос
И волком воя на луну, в защиту от проклятий,
Играю жизнь, звеня струну, и жду твоих объятий.

От боли нету и следа, но грусть не отпускает.
Ответы стали только "ДА", не знал, что так бывает.
Но тяжесть поступи шагов моих раздавит горе,
Когда свободный, без оков, с тобой уйду я в море.

Явись ко мне полным ветра парусом!
Возьми меня с собою в море!
Откроется секрет, и станет ясно нам,
Где счастье есть и что это такое.

13 декабря 2010 г.

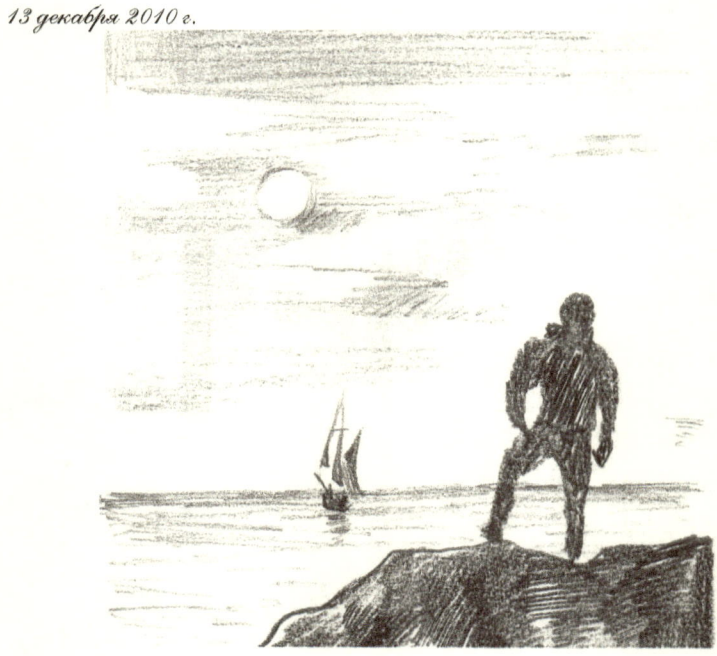

Человек

Эй, Человек, породитель идей,
Будешь стрелять в себя снова?
Я не тебе одному, я всей
Твоей сущности даю слово:

В тот восхотительный миг, когда ты
Сам себя уничтожишь,
Я облегчённо вздохну с высоты,
А ты уже не сможешь!

Ты на пороге Большой Войны,
И снова друг против друга.
Вот зачем головы Вам даны,
Вот зачем Север – Югу.

Минус на плюс – новый разряд,
Водка готовит к бою.
С кем-то о будущем говорят,
Но уже не с тобою.

Родина – там, где тебе хорошо,
Там, где тебя любят.
Сколько тебе нужно ещё?
Хватит уже, будет!

Кровью своей руки умыть,
Чтобы сказать: «свободен».
Целясь в себя, жизнь жить –
Вот, на что ты способен.

Это ль тебе надо? Если не ты, кто
Из твоего стада кнопку нажмёт "стоп"!

16 сентября 2010 г.

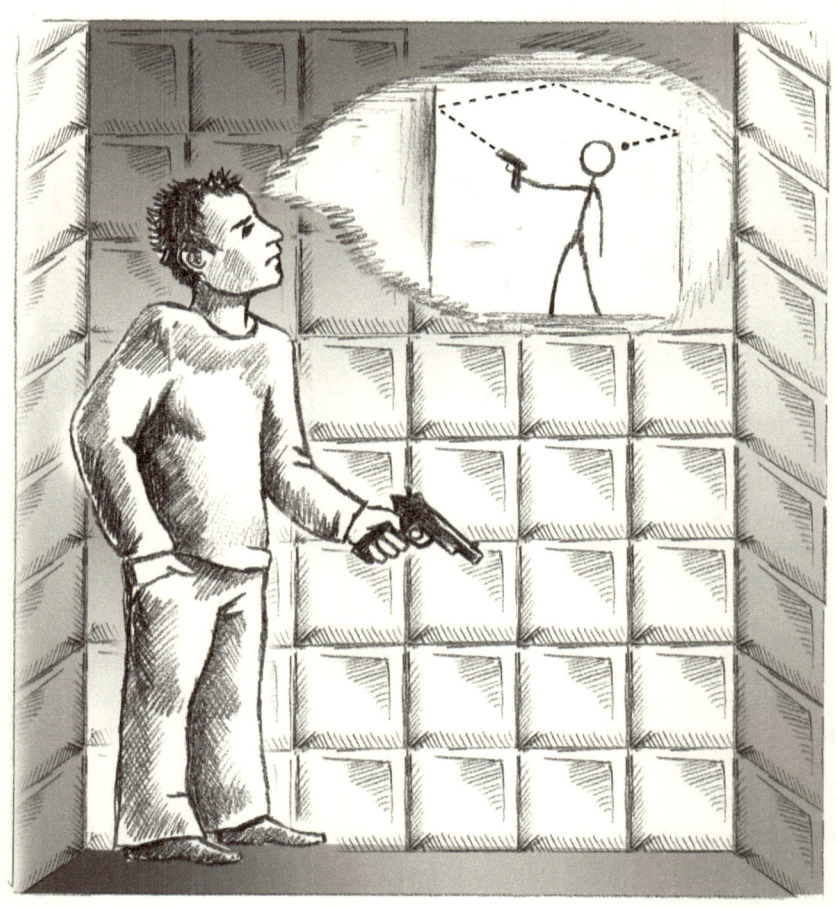

Куда глядят твои глаза

Позади километры пути, но вдаль бежит дорога.
Погоди, остановись передохнуть немного.
Если бы знал, что тебя ждёт, что там всегда опасно,
Ты бы вперёд всё же пошёл, прожить жизнь не напрасно.

Растопи лёд полюсов и преврати их в пепел,
Дай жизнь огню! Свет языков его ласкает ветер.
Топни ногой! Вспыхнет вулкан, залив весь мир слезами.
Мир и покой не будут бесконечно с Вами.

В пыльных томах библиотек следы твоих историй.
Эх, человек. Каменный век честнее, кто бы спорил.
Алчность души ты превзошёл своим «хочу» и «надо».
И на дне лжи будет твоя награда.

Вы рождены в те времена, где человек на взлёте,
Целясь в себя, верит в Любовь и что-то в этом роде.
Где-то идёт, скажем, война, маразмом удивляя.
И Сатана опять ломает стены рая.

Кроме тебя, здесь никому не нужно быть столь жадным.
Ты у руля, но потому, что чувством рулишь стадным.
Каждый из Вас в сути своей, увы, амбициозен.
И у людей один лишь враг – он сам, жесток и грозен.

Кто-то один тянет толпу, в обрыв вперёд толкая.
Тесно ему, видите ли, талмуд в руках сжимая,
Против себя строит полки, для взрыва смесь готова,
И, как всегда, всё повторится снова.

Иди, куда глаза глядят. Они глядят на Солнце.
Там тебя ждёт океан, о скалы в брызги бьётся.
Здесь не то, что ты искал, не жми на тормоза.
Верь, иди, куда глядят твои глаза.

02 июня 2011 г.

Готовься к войне

Говорят: "Хочешь мира, готовься к войне".
Укрепления строй, промывай всем мозги.
Если кто рот открыл, либо против — к стене,
Не забыв после смерти снять с него сапоги.

Так держать, враг не дремлет, они не пройдут,
Кто угодно, Враг нужен? Найдём вам врага.
Где вы разницу ищете, там или тут?
По колено в крови, их поднять на рога.

Веселись и стреляй! Пир во время чумы!
Наплевать на закон, ты здесь сам себе царь!
Ты оправдан, иди по дорогам войны,
Пока жив, а умрёшь — похоронят, как тварь.

Или хуже: останков порой не сыскать.
Ведь такой же, как ты, хочет смерти твоей.
Торопись за кого-то свою жизнь отдать —
Вот такой вот дурацкий закон у людей.

Заряжай! Будь готов по приказу нажать
На курок, задрожит поднебесная твердь.
Как приятно в руках чью-то жизнь подержать,
Посылая в неё хладнокровную смерть.

Себе в голову целится сам человек,
Лишний раз доказав свою глупость вдвойне.
Год за годом идет, за веком век.
Говорят: "Хочешь мира, готовься к войне".

Хочешь мира? Хоти вдвойне!

Чисть мундиры! Готовься к войне!

Март 2010 г.

Разряжение

Настоящее разряжение –
      Безо всякого напряжения
Мы осколками разлетаемся,
      Между нами уж нет притяжения.

Наших мыслей, увы, расхождение
      Превратилось в очаг заражения.
И зачем продолжать дурью маяться,
      Друг на друге снимать раздражение?

В этом чувствуется унижение,
      Нехорошего пойла брожение.
Пусть другие вином этим травятся,
      Выясняя свои отношения.

Потому, что обет отчуждения
      Будет нашим вторым Днем Рождения!
Каждый делает, что ему нравится,
      Наслаждаясь свободой движения.

Может, это и есть наслаждение,
      Параллельнах миров преломление?
Перед взрывом друг другу покаяться,
      И свершить акт уничтожения!

28 апреля 2010 г.

Прыжок к Свободе

Удар, огонь, и боль обиды рвёт на части.
Рёв, удар. Кто ты такой, чтобы касаться моей шкуры?
Власть дарована тебе, двуногий, зря.
За прутьями железной арматуры, Я
Сижу и скалю зубы на таких, как ты.
Моя ль вина быть здесь, трусливый мой герой,
Кнутом вооружённый огненной черты,
Глупец, довольный грязною игрой.

Прочь страх. Держи моё проклятие в своих руках.
Я ужас быть растерзаным прочту в глазах
Твоих, для нас двоих закончена игра.
Ты сам виновен в том, так получи сполна,
Глупейший из зачинщиков жестоких игр,
Тебе ли знать, что чувствует свободный тигр.
Рабов придумал ты, себя и укрощай.
Я умираю тем, кем был рождён, прощай.

Свои злые глаза, отражаясь в огне,
Я нацелю двуногому прямо в лицо.
Я поймаю холодную пулю в прыжке
За Свободой, но не прыгну в кольцо.

И пускай моя жизнь мне была дорога,
Но так сердце сжималось от боли в тиски.
За Свободой прыжок, уничтожить врага,
Его душу и тело порвать на куски.

1 декабря 2010 г.

Ночным Волкам

Газ, рукоять, поворот до предела,
Скорость в лицо, но всё кажется мало.
Волк-одиночка вершит своё дело.
Нервы в комок, и вот время отстало.

Искры из труб и вечность дороги
Где-то остались вдали, за спиною.
Наша фортуна – одна из немногих,
Так далеко зовёт нас за собою.

Снова ты чувствуешь закономерность:
Тело слилось воедино со зверем,
Чувствуя в нём постоянство и верность,
Ты наконец-то стал с ним одним целым.

Песня мотора рычит в твои уши.
Даль горизонта дороги всё дальше.
Мчатся вперёд две единые души.
Вот оно, Счастье, и где ж ты был раньше?

Рви за удачей, судьбу обгоняя,
Крепко вцепившись когтями в дорогу.
Волк на охоте, ружья избегая,
Также не лезет к медведю в берлогу.

Мотоцикл водить буду, мотоцикл это страсть!
Я сражу им Чуду-Юду, потому что карта в масть.

16 мая 2010 г.

Обращение

Граждане Президенты стран с ядерным арсеналом!
Мы роли одной киноленты и вместе дойдем до финала.
Если у Вас в руках кнопка к двери, за которой вечность,
Нельзя держать её робко, чтоб время ушло в бесконечность.

Чего же Вы ждёте, родные, это ль не искушение,
Глобальное разрушение раздаст на тот свет проездные.
Имея такую возможность, быть чем-то похожим на Бога,
В чём есть та нелепая сложность использовать её немного?

Всего лишь нажатие руки, иль просто звонок генералам.
Останется дело за малым, и нас разорвёт на куски.
Держа в руках ящик Пандоры, смешались в клубок ощущения.
Зачем нужны переговоры, кто будет козлом отпущения?

Земля не погибнет навеки, но жизнь на ней будет другая,
Где будут жить Нечеловеки, в любви, никого не взрывая.
Там, где после взрыва мы будем за дело того, кто в ответе,
Позор весь достанется людям от каждой души на планете.

Тщеславие людей суперсилы опасно душевным расстройством.
Их мании величия порывы приводят в работу устройства
Ответственных механизмов за цели всего мироздания,
Коллапсов и катаклизмов, ведущих к его увяданию.

Амбиции индивида поставлены выше народа,
И снова бушует коррида. Такая уж это порода
Людей невысокого роста, которым чуть выше казаться
Помогут война и погосты, зовя свой народ с кем-то драться,
В бальзам своё эго макают, размером с людей-великанов.
И вновь люди – стадо баранов – безумству их дел потакают.

24 апреля 2010 г.

Самоубийцам

Мы, разбежавшись, прыгаем в обрыв,
Купаясь несколько секунд в своей свободе,
Вперёд шагаем, тот порог переступив,
За коим вечность бесконечная навроде

Нас ждёт и манит, всеми красками искря
В глазах безумного порой воображения.
Однажды, до смерти устав от натяжения,
Мы струны рвём своей гитары почём зря.

Горланим песню и не ждём в ответ оваций,
Частями тела дёргая в последнем танце,
О жизни вкратце вспомним, загибая пальцы,
Перевернём последний лист календаря.

Зачем сия настигла участь!? Человеком
Родиться и узнать: твоя жизнь – не подарок,
А что-то среднее, да между тьмой и светом.
Калиграфический роман с горой помарок.

Страниц, которых нет, не прочитаешь.
Что выдрал сам из книги, вряд ли уже вспомнишь.
Переворачивая лист, всегда гадаешь,
Какое следующее сальто ты исполнишь.

Интриги змеями плетут клубки событий.
Какой распутаешь, какой мечом разрубишь.
Ведь счастье есть от радости открытий,
Во что-то веришь, и кого-то очень любишь.

Меняя образы свои и идеалы,
Идём по жизни, что бы то ни стало.
Изобретаем себе гимны, ритуалы
По перетягиванию с места одеяла.

Так стоит ли заблаговременно сдаваться!?
Уйти совсем, от всех, махнув на всё рукою.
На свете том, увы, не примут самозванца,
Не дав ему остаться здесь, не взяв с собою.

10 февраля 2011 г.

Алисе

Как много в твоем имени, Алиса.
Я лучше все тебе скажу вначале.
В моем кино ты – лучшая актриса!
Добро пожаловать в кривое зазеркалье!

Здесь любой принц не избегает побыть нищим.
И Золушка найдет свою удачу.
Принцессы служат для дракона пищей,
Но только те, кто супер-вредины и плачут.

Златую цепь на дубе драют до сияния.
К русалке в ветках подселят Ихтиандра.
Здесь исполнимы все безумные желания.
И Черный кот даст повод думать, это правда.

Других духов здесь нету, кроме Русских,
Сердцам богатырей здесь нету счёта.
Избушка охает под тяжестью нагрузки,
Вертясь на месте, словно лопасть вертолета.

В болоте Леший с Водяным играют в карты
На раздевание колдуний до бикини,
И Чертик с номером тринадцать из-за парты
Цветы рисует постоянством толстых линий.

Выйду опять в чисто поле.... Опять подойду к дубу,
Пну его ногою, словно шаман Вуду.
С дуба опять сундук рухнет, разбившись вновь на части,
Русалка в ветвях охнет, уткой взлетит счастье.
Придется стрелять утку, яйцо из неё добывая,
Вот пришла смерть Кащея. Старше, чем он... злая.
Грянет о пол посох — так, что кровь в жилах стынет.
Ведьмы в развратных позах скажут мне твоё имя!

Наташе Самойленко

Запомни, принцесса, в фантастике мыслей
Слепых грёз фундамент, как снег, проседает.
Воздушные замки и сказочных принцев
Реальности зло, как дракон, пожирает.

Я посвящаю этот стих тебе.
Тебе, кто дал мне шанс любить свою свободу,
Как дети любят мать и гений — свой талант.
Я погружаюсь в сон, глядя в него, как в воду.
Я вижу тебя там. Постой! Но прочность гланд
Моих не выдержит напора.

Крик медленно, как червь, на хрип похожий больше,
Ища остаток сил, становится лишь стоном.
И раненый, как зверь, король стоит у тронов —
По королеве траур. И даже шуты в чёрном.

В моём дворце в камине уголь последний тлеет.
Дворец мой холоден и пуст, и вряд ли кто согреет
Его, как ты смогла. Мертва. А с мёртвых спроса нет.
С тобой я счастье познал, и пусть гробницы свет
Подарит для других тебя. Будь счастлива сама,
Одна иль с кем. Неважно. Ты мертва
К тебе послал я из дворца с известием отряд гонцов,
Что на порог своей души я не пускаю мертвецов.

Дым чёрный клубит над обугленным останком.
Былой страсти нет – как порох сгорела,
Но всё же теплом, как свеча, догорая,
Мою закалила любовь до предела.

И холод. Опять я, как сталь, закаляюсь.
Хватит рвать душу по бывшему раю.
Компьютер мозгов решил точно задачу.
От боли сжимаясь, всю память стираю... но тщетно.

Июль 1993 г.

Поздравления

За друзей

Дорогие гости, друзья!
Вам большое спасибо за встречу!
Рад всем сердцем, иначе бы я
Не присел бы Вам на уши с речью.

Право, рад лицезреть, созерцать
Ваши лица в своём бастионе.
Сыто есть, пьяно пить, пировать
В бесконечной за Счастьем погоне.

Все мы дети планеты прекраснейшей,
И, являясь её составляющей,
Я доволен, что дверь этой ратуши
Нам распахнута приглашающе.

Пусть не каждый из Вас друг пожизненно,
Нету в паспорте штампа о верности,
Но зато не смотрю укоризненно
В глаза Ваши, при всей откровенности.

Время ходит своим чередом,
Изменяя свой темп креативно,
Чтобы мы могли позитивно
Сознавать "было", "есть" и "потом".

И минуты из "есть" выжимая,
Чтобы вспомнить потом то, что было,
Я за Вас этот тост поднимаю,
За друзей! Моё "Я" так решило.

12 января 2011 г

Маме

Плавно текущая жизнь под ногами
Стрелки часов переводит вперёд.
Мы удивлённо шевéлим бровями,
Вновь понимая, что время не ждёт.
Даже во сне, спя в пуховой перине,
Горизонтально свою жизнь живём,
Снится нам слон на дрейфующей льдине –
Как он попал туда, мы не поймём.

Да, нам порой не нужны объяснения,
Ставших привычными, странных вещей.
Мы не хотим попадать в заблуждение
И не хотим свою жизнь жить быстрей.
Может быть, кто-то со мной не согласен –
Право его. Только вряд ли взамен
Слог его будет понятен и ясен
В страстной попытке пробить толщу стен.

В поисках правды о жизненной сути,
Даже по полочкам всё разложив,
Стоит ли бегать за временем, люди?
Вряд ли оценит оно наш порыв.
Время – река ширины необъятной,
Где-то затишье, где – горный поток.
Там, впереди, поворот, вероятно.
Вечно гадаем, как пьяный пророк.

Но всё пустое, к чему эти бредни?
Год за собою потянет другой.
Есть день рождения, и не последний.
Так веселись, пей вино, танцуй, пой!
В честь именинницы сегодня застолье,
Тосты и речи, проза и стих.
Пусть ощущают все чувства раздолья,
Праздник души находя среди них.

Мамочка, милая мамочка! Очень
Хочется мне тебя сегодня обнять.
Ты не сердись, я бываю неточен,
Дав тебе повод попереживать.
В суетном мире порою теряясь,

Время с пространством, в память мою
Между извилин друг с другом сплетаясь,
Отодвигают моё "позвоню".

Но я люблю тебя в сердце и мыслях.
Так уж сложилось, что мы далеко.
Связь наша в воздухе, ухе и числах,
Коих значение для нас велико.
Я не хочу, чтобы ты огорчалась,
Только здоровья и счастья желая,
Делаю всё, чтобы ты улыбалась,
Милая мама, родная!

Знаю, венец твоих мыслей о внуках.
Дети – цветы, это знаю и я.
Нет ничего невозможного в трюках,
Даже в таких, как семья.
Дело другое – когда да откуда.
Мам, не грузись только в свой День Рождения!
Мы тебя с Женькою любим,
А чудо будет, когда придет время.

10 августа 2010 г.

Сестре

Плавает в воздухе холодом зимним Февраль,
Располагая к себе, кто рождён в его даты.
Вьюга уносит несчастье, боль и печаль
В снежный мороз, возвращаясь в родные пенаты.

Разный Февраль. Неожиданно тёплый и лютый,
В лёд заточает насквозь промёрзшие стёкла.
Вмиг ожидание весны ненадолго поблёкло,
Дав зиме шанс проявить себя в эти минуты.

Рада стараться, пургой завихрит и закружит
Сотни снежинок вокруг одиноких прохожих,
Красный румянец даря со всей честностью стужи,
Всех таких разных и всё же немного похожих.

Графики линий рисунка начертит шестнадцать
Утром морозного дня твоего нарождения,
И напряженно, в ритм сердца моё вдохновение
Фразами, полными слов, будет чистый лист мацать.

Женька моя, уважаемый друг и сестрёнка.
Много всего сказать хочется, лучше о главном.
Не потому, что в наследство досталась пелёнка,
Хотя и этот факт немаловажен в ракурсе данном.

Глядя на мир сквозь безумие плоских экранов,
Правду мешающих с ложью в людском подсознании,
Не превратиться бы только нам в стадо баранов,
След оставляя единственный свой в мироздании.

Энергетический шар позитивных эмоций
Я прилагаю к посланию этому, Женя.
Может, не самый он правильный, в смысле пропорций,
И чтоб студенту волшебником стать, нужно время,

Но он согреет теплом твою нежную душу,
Радости жизни вольёт и немного везения,
Лёд неудач им на серде твоём я разрушу.
Это твой праздник, сестра, веселись, с Днём Рождения!

16 февраля 2011 г.

Татьяне Нимеровской

Луна проходит путь по небосводу,
Меняя ночь на день, восходит Солнце,
Согрев своим теплом, от года к году
Лучами залезает к нам в оконца.

В полёте время. На руках с часами
Пытаемся поймать его за пятки,
И лодки наши мчат под парусами
По волнам жизни, с ней играя в прятки.

На эту тему бесконечно много
Стихов можно сказать до хрипа, рьяно,
Но, право, это долгая дорога.
Сегодня именинница – Татьяна.

В твою сегодня честь ликуют птицы,
И рыба плещется в озерах Сен-Лорана,
Открыты настежь двери и границы,
Тебя поздравить всех пустив, Татьяна.

Мы любим тебя все такой красивой,
Твоих деяниям рук – поклон и слава.
Очаг тепла создав неугасимый,
Вокруг себя сегодня нас собрала.

Желаний перечислить вряд ли хватит
Страниц томов у толстого романа.
Будь счастлива, Танюша, и пусть гладит
Судьба здоровье твоего кармана.

На этой скромной ноте выступление
Пока прерву, но поздно или рано,
Как только в душу влезет вдохновение,
Еще стих сочиню тебе, Татьяна.

Февраль 2010 г.

Светлане Королёвой

Апрель. И проблески весны
Дают понять, что нам подвластно
Дыхание свежей пустоты,
И обнимание душ так страстно.

Так обнажите их вконец.
Всю жизнь мы ищем, кто ты, где ты.
Смешно заклятие колец.
Сегодня день рождения Светы.

Светлана! Памятью моей
Спешу я нашу встречу вспомнить.
Был тусклый день без роз идей,
Но стоило бокал наполнить

Тобой и светом твоих глаз,
Твоих прекрасных рук умением,
Вкусить твой плод, до пола газ —
И насладиться наслаждением.

Прекрасна ты, прекрасен день,
Который нас объединяет,
И Счастье с нами, а не тень
Под столы с яствами сползает.

Так радужно и безмятежно
Апрель даёт своё признание,
И все мы смотрим с чувством, нежно,
Твои с Тимуром лобызания.

3 апреля 2010 г.

Светлане Курас

Полет луча в кромешной тьме
От Солнца, греющего нас, молниеносен,
И Земле бывает чуть прохладно,
Но мы, вращаясь в пустоте,
Заснем, проснувшись много раз,
Все переносим, как всегда,
Чтоб не было досадно.
Полжизни нам совсем темно.
С закрытыми глазами
Живем совсем другую жизнь,
Блуждаем в своих снах,
Но есть у нас большое «но»:
Полна жизнь чудесами.
Светлана нам дарует свет
С теплом в ее лучах.
Весною, в майский день, она
Подобна Прометею,
Принесши людям на века
От мрачных дум спасенье.
Светлана – мама и жена!
И розы к дню рождения
С открытым сердцем дарим,
И любовь обнажена.
И распускаются цветы сегодня для тебя,
И голос майских певчих птиц, сливаясь воедино,
Поет те ноты красоты, достойно соловья,
Чтоб пали пред тобою ниц
И, в основном, мужчины.
В разбитых чувствах бытия порою понимаем
Цену наличия друзей, в своем ища кругу,
Мы все тебе, Светланочка, с душой друзей желаем,
Но, как всегда, в них убедись сперва на берегу.
Ища пути, где хорошо, а может быть и лучше,
Проходим мили и года, идя свою дорогу.
Что здесь с тобой произошло, нагадано на гуще.
Что будет там, твоя судьба, узнаешь понемногу.
Осторожно, без причины можешь стать добычей лёгкой!
За тобой идут мужчины, крепко связаны верёвкой.

27 апреля 2010 г.

Александре Грековой

Периной белой облака, окутывая небо,
Несут дожди издалека, гонимые ветрами,
Плывут, как в море корабли, не оставляя следа,
И мы бежим от них домой, скрываясь под зонтами.

Где капли мокрого дождя не достигают цели —
Промокнуть нас до нитки для того, чтоб понимали,
Как важен дом, укрывший нас от вьюги и метели,
И чтоб уста благодарить за это не устали.

Четвёрка стен. В одной окно, другая держит дверь,
И крыша сверху заодно почти для всех являет
Идею жизни. Суждено из множества потерь
Свой дом иметь без всяких "но". Другое исчезает.

Уже потом, когда судьба бросает влево, вправо,
Полёты вверх, падения вниз становятся привычны,
Меняем степень бытия, на то имея право,
И дом становится дворцом, такой родной и личный.

К подъезду несколько карет пришвартоваться могут.
Удобства, модный туалет, и даже не один.
Но всё пустое, коль нету тех, кто Вам помогут
Раскрепоститься – Госпожа и её Господин.

Теплом их чар согрет дворец. Хозяйское умение
Так оказать гостям приём, дать оцнить тем боле!
И каплю в каждом из сердец оставить наслаждения,
Которое сегодня пьём за них по своей воле.

Особое внимание хозяйке уделю.
Прекрасна! Песня! Свет в окне! И с каждым днём всё краше!
Желание жить стремится ввысь, и боль равна нулю.
Ах, Александра, ты звезда на небосводе нашем.

Не в курсе был, уж извини, твоей рождения даты.
Но коль сейчас предстала честь излить своё признание,
От имени моей Земли, большой и необъятной,
Прими сердечное тепло из моего сказания.

Вели невзгодам не бывать в ближайшем окружении
На много дней и лет твоих, по щучьему велению.
Давайте вместе пировать в честь Саши Дня Рождения
В плену у нежных чувств простых, и счастье на мгновения
Застынет в воздухе хмельном, отнюдь, нисколь не увядая,
И, словно певчих птичек стая, волною берег лобызая,

Открытые ворота рая к себе так сладостно манят.
Там где-то ангелы шалят, в сердца стрелою попадая,
Не думая порой о том, в чей счастье залетает дом.

Сегодня здесь. Сегодня в нём оно парит, меж нас витая,
А мы, налив вино до края, в честь Александры тосты скажем,
Пока еще мы лыко вяжем. За мужа, за семью, за Вас!
Всех, кто не выпил, просто свяжем, а тот, кто выпил, и не раз,
Пусть согласится с тем, что я сейчас прочёл. Виват, друзья!!!

28 июня 2010 г.

Диане Миновой

Много песен спето над просторами саваны,
И душа теплом согрета, искупавшись в солнца ванной
Мы напьёмся до рассвета, поздно будет, или рано,
Повод будет праздник лета – День Рождения Дианы.

Веселись, честные люди, бейте громко в барабаны,
Ешьте яства, что на блюде, удовольствия карманы
Открывайте шире, шире, и бокалы подставляйте,
Пейте всё, что в этом мире веселит, и поднимайте
Тосты за прекрасну диву, в кою честь сегодня, в сборе,
Водку предпочли мы пиву, ровно, сколько воды в море.
Лейся песня в честь Дианы, улетай печаль навеки!
Только радость сегодня в планы входит наши, человеки!

Полюбуйтесь на хозяйку, полна сил, здоровьем дышит,
Не похожа на лентяйку, от добра добра не ищет,
Пышет сладким симбиозом доброты и вожделения.
Распустившаяся роза, украшение украшения!

Рукодельница со вкусом утончённого гурмана,
И ещё навалом плюсов, появляясь из тумана,
Обнажают нашу деву в её качественных формах.
Как Адам, вкусивший Еву под покровом ночей чёрных,
Заявляю: знаю, видел, трогал, чувствовал подругу.
Не серчай, коли обидел, завтра вымою посуду.

Величаво молчалива, порождение Казахстана,
Всех достоинств невозможно перечислить неустанно.
Наша Минова Диана, дорогая сердцу лично,
Только любит хулигана – как-то странно, нелогично.
Но о вкусах сейчас не спорят, поколение другое.
Коли любишь, значит стоит, значит плещут волны в море,
Набегая друг на друга, создают своё движение.
Пока ты моя подруга, с нами будет наслаждение,

Радость праздника, улыбки, переплёт мелодий гибкий,
Песни танца, танец в песне. Лето, нет поры чудесней.
Я желаю тебе счастья в День Рождения твой, Диана!
Были б в Грузии, зарезал на шашлык ножом барана.

Пусть, как хочешь, твои планы исполняются,
И глаза огнями в праздник зажигаются,
Рюмки, чашки и бокалы наполняются,
Гость подарок пусть несёт, не стесняется!

28 июля 2010 г.

Надежде Черкашиной

Проходит ночь, и хитро, утро, мигая солнечным лучом,
Даёт понять, что все живём мы наше время поминутно,
И принадлежность ни при чём к каким-то видам на Земле,
Лишь бы в душе было уютно, и светом полон путь во мгле.

Цветок, расцветший в декабре — печаль в сторонке тихо плачет —
Прекрасным зимним днём удачи, как много в жизни это значит,
Купаясь в снега серебре, держа огонь любви горячий,
С улыбкой счастья на устах, в своей судьбе быть на коне!

Надежда! Ты в наших глазах — явление сказочного мира,
Шехерезада, плоть кумира!
Воображение в умах от тайн искусного факира.
Энергетический заряд! Не передашь всего в стихах.
С букетами цветов в руках поздравить все тебя хотят!

На облаках сегодня пьют. Чуть-чуть. Им много и нельзя,
Но за тебя, и песнь поют родные, близкие, друзья!
По глади лебедем скользя, ты даришь жизнь нашим сердцам.
На удивление всем нам, крадёшь любовь, не тормозя.

Ты из ферзя за жизни миг легко представишь королеву,
И, вторя моему напеву, заката солнечного блик
В твой день рождения, так и знай,
Исполнит всё! Надюш, желай!

2 декабря 2010 г.

Татьяне Нимеровской

Закрутила, завертела вьюгой зимушка-зима,
За окошком песни пела, украшения изо льда
Нам на радость смастерила, дабы радовалось око.
Никого не обделила. Дед Мороз к нам издалёка

Приезжал со своей внучкой, веселились до упаду,
Пили горькую усладу и в трясущиеся ручки
Утром жадному похмелью две рюмашечки давали.
Всё исчезло за метелью. Превосходно погуляли!

Замерзали в день январский, было холодно сперва.
Белым снегом стали краски, растворившись без следа.
Что нам делать?! Уж последний зимний месяц на дворе.
Сечь искру надо немедля, жечь лучину в фонаре.
Осветить, подбросив хворост, уберечь святое пламя,
И огня гудящий голос в царстве снежном поёт: "Баня!"
Таня! Милая подруга! Ты ли, Снежная Царица,
Санта Клауса супруга, сыплешь иней на ресницы?!
Веселиться будем вволю, отмечая хлебом-солью,
День Рождения твой мчится, к нашему спеша застолью.

Мы с любовью к тебе, Таня! Наша добрая, родная,
Душу раня, надрывая голос трезвого сознания,
Обволакивая чувства в оболочку фраз и слова
Поэтическим искусством, мы желаем молодого
И холёного здоровья, ясных мыслей в изголовьи,
Гладь дорог в объезд печалям. Таня, мы в тебе души не чаем!

Птичьим стаям узнаваем облик твой,
Когда с раннею опавшею листвой
Они кличут полететь нас за собой,
Но холодною прекрасною Зимой

Входишь ты, Царица Снежная, Татьяна,
Заставляя разжигать костры поярче.
В твою честь сегодня будем сыто-пьяны.
Счастья доброго тебе, и не иначе!

5 февраля 2011 г.

Олегу Грекову

День зажигает возможности новых свершений.
Солнце, подняв высоко своё лико, вещает
Разнообразие жизненных форм и течений
И теплоту своих ярких лучей посылает

Нам, кто приветствует утром большое светило,
Спать уходя, по ночам ждём его появления.
Годы идут, будет так, так и есть, так и было
В сказке с названием Земля всегда продолжение.

И ощущение праздника жизни по кругу
Дарственным кубком проходит, придав ей значение.
Прикосновение его – значит твой День Рождения,
Празднуй, Олег, всего лучшего тебе, как другу,

Я пожелаю, и все, кто вокруг, согласятся:
День, проведённый в веселии, жизнь продлевает.
Тает в руках лёд – судьба в облака превращаться,
И всё по кругу, и снова вода замерзает.

Мы же растопим лёд будней Русскою водкой,
Песней ударим по грустной дороге печали,
Чтобы кричали "ура" наши громкие глотки,
Пьём за Олега, с рождением поздравив вначале.

Юмор искрится огнями в твоём исполнении.
Столько тепла на Экваторе вряд ли бывает,
Сколько в тебе. Видишь, даже моё вдохновение
Птицей парит и в волнах парусом исчезает.

С детства мечтал моряком быть. Пока не сложилось.
Всё впереди. А сейчас буду молвить о главном.
Страшно не будет тогда, когда море взбесилось,
На корабле, где Олег Греков есть капитаном.

Счастье искать не с руки. Оно есть или нету.
Будь счастлив сам и дари тому, кто тебе дорог.
Солнце встаёт для тебя, улыбайся рассвету.
Пусть твой маршрут в океане судьбы будет долог.

6 февраля 2011 г.

Светлане Королёвой

Слова-миражи возникают, создав собой образ
Тепло излучающего чего-то хорошего,
Которое в жизни порой нам единственный компас,
Укажет дорогу пространства, настоль непохожего.

И холодно нам без него. Мы наощупь в потёмках
Идём лабиринтами судеб своих, натыкаясь
На кучу ненужных углов, босиком, на иголках.
И только на свет вдалеке всей душой устремляясь.

За руки держась, согреваемся тёплым позывом:
Всё будет ОК, долгих лет проживания в счастье.
Слова, выражая тепло, иногда даже взрывом
Являются нам, ограждая от бед и ненастий.

Смысл жизни найдёшь, если выразить можно словами.
Слова не игрушки, не просто так дают слово.
Какая чудесная связь меж людьми, между нами.
Мы молвим и слышим, казалось бы, что тут такого?!

Но это есть пламя в ночи, когда нужно согреться,
И даже оружием слово быть может. Не будем про это.
Используя их, предлагаем друг другу раздеться,
Из них получается стих мановением поэта.

Как этот, который тебе посвящаю,
Так всем дорогая Светланочка, наша подруга.
За всех не могу говорить, за себя отвечаю:
Я рад бесконечно, что ты у Тимура супруга.

Своими стихами стараюсь согреть твою душу.
Пусть слов моих тёплые звуки в пространстве гуляют,
Пускай повторяют себя же. Однажды со скуки
Согреешься ими опять, они свойств не меняют.

Веселья на сердце тебе! И радости в жизни!
Пусть солнце весеннее светит так, как твоё имя,
Теплом наделённое, дарит прекрасные брызги.
С рождением тебя, лучезарная Света богиня.

3 апреля 2011 г.

Леониду Спиваку

Кто из Вас проходил брод незнаемый,
Шаг ступая по дну недоверчиво?
Без страховки, неохраняемый,
Когда кроме «идти» делать нечего.

Может суетно будет сказание,
Непонятное многим, да это ли
Важно столько, сколь просто желание
Мысли выразить вслух, чтобы бегали

Они в воздухе, слух Вам лаская,
Будоража покой в душах Ваших,
И в извилинах утопая,
Поднимать из руин низко павших.

Да о чём это я? Жизнь прекрасна!
Удивлению нету предела.
Знаю, жизнь эта не напрасна!
Знаю, жить её нужно смело!

На каком бы участке дороги
Ни совали нам палки в колёса,
Посмеёмся над ними и просто
Подведём под черту их итоги

И продолжим вращать нашу Землю
В бесконечности оборотов.
Долгим летам и мудрости внемлю.
Леонид, С Днём Рождения! То-то.

Растворяясь в заветных желаниях,
Будь таким, куда прёт вдохновение!
Гни железо судьбы, не взирая
На то, что говорит отражение.

"Да" тому, что по сердцу льёт мёдом!
"Да" тому, кто с тобою на троне!
И ручей проходя, иди бродом,
Дорогой человек, Спивак Лёня!

14 мая 2011 г.

Тимуру Рабаданову

Сколько можно сказать прекрасного
В адрес многих из нас искренне,
Неподдельного, самого разного,
Подбираясь поближе к истине.

Слов хвала для души приятная
Обовьет её тёплым облаком.
Главное – всё понять, пока внятная
Льётся речь с моих уст дождиком.

Для меня этот час радостен,
Долго ждал его, долго телился.
Не предай себя глупой ярости –
Извини, опоздал, забегался...

Я к тебе обращаюсь, дорогой мой друг,
Мой учитель в канадской обители,
Я не знаю, как без твоих-то рук
Мир вокруг глаза б мои видели.

По приезду ты был, как отец родной –
Не боюсь я таких слов суровых –
И сверкал во тьме зуб твой золотой
На рыбалке под плеск осетровых.

Необъятная широта души,
Неподдельная мудрость джигита,
Дружба крепкая, без фальшивой лжи –
Благодарен тебе я за это.

И пускай число наших лет растёт,
Добавляя нам жизни познание,
Подведём черту, может, раз в год,
Пока есть, чем дышать, и дыхание.

Я хочу, чтоб Тимур Рабаданов знал:
Я тебе рад, как утром будильник.
Будь здоров и богат и, что б ты ни сказал,
Тебе только всего лишь полтинник.

15 апреля 2012 г.

Татьяне и Илье Нимеровским

Корабль, отправляясь в путешествие,
Ждет ни наград, ни лёгких лодочек вздыхания,
Всё потому, что с ним случилось происшествие,
Флюиды вновь подействовали на расстоянии.

Под флагом «Только той, что будет лучшая»
Волна к волне ложится море безграничное.
Звезда на компасе – не дело просто случая.
Я знаю то, что знаешь ты, но это личное.

Илья, какую дверь из тайных
Ты открываешь настежь, так, из любопытства –
Трофеев много в твоей жизни неслучайных –
Сведя на нет их баснословное ехидство.

Руками, делом свой фундамент укрепляя,
Недосягаемы твоих плеч руки лени.
Однажды жертву взглядом хищным выбирая,
Ты Лучезарную нашёл впотьмах у тени.

И воскресилось то, что нужно лицезреть:
Свет окон Вашего двора, и я в нём гость.
Читать Вам то, что сочинил, я чту за честь.
Сие по случаю по Вашему стряслось.

Сколь долго можно быть вдвоём в одном пространстве,
На то у каждого из нас свой жизни опыт.
Кому-то день осточертеет в постоянстве,
Кому-то жизнь покажется короткой, чтобы

Познать того, кто с тобой рядом её делит
В мороз и зной, с горы и в гору, неустанно
Идёт по лезвию ножа, но свято верит
В тебя и в то, что так обоими желанно.

Танюша, ласковое, милое создание,
Я, каждый раз к тебе словами обращаясь,
Как будто в танце сокращая расстояние,
Всё наилучшее собрать в одно стараюсь.

Вдвоём Вы пара, дорогие мои люди,
Такая, что на зависть всем своим единством.
Чутьё всегда мне говорит о том, что будет:
На юбилей нас пригласите лет так в триста!

Вино искрится, отражая Ваше пламя
Неугасающей любви, возникшей ране,
Теплом и светом в наши души проникая,
Она наш остров с сокровищ сундуками.

И мы поднимем наши рюмки и бокалы
За Ваше счастье на планете благодатной.
Желаем рыбы золотой, большой и малой,
Илья и Таня! С годовщиной очень знатной!

15 апреля 2012 г.

Дьяволиада

Письмо Дьяволу

Я пишу свои строки тому, кто их точно прочтёт,
Внемлет смыслу, включённому в них, настоль явному.
Знаю, скорая почта конверт до него донесёт,
Адресованный лично товарищу Дьяволу.

Для кого был устроен весь мир, это первый вопрос,
И кому нужна детская сказка про Ветхий Завет,
Почему, обладая умом, человек не дорос
До того, чтобы самоубийство сходило на нет?

Может, глупо такие вопросы тебе задавать,
Но я знаю, что ты мне ответишь, затем и пишу.
Очень много про жизнь с твоих уст охота узнать,
Я в последнее время, наверное, лишь этим дышу.

В чем идея различия религий, зачем этот цирк?
Люди губят друг друга за то, что у них разный Бог.
Весь прикол в том, что ты есть практически в каждой из них,
И на каждой странице их книг есть следы твоих ног.

Распиная сознание людей искушением душ,
Ты кадило и крест даёшь тем, кто боится тебя,
Они счастливы воздух трясти, неся всякую чушь,
Говорить о тебе столько слов и любить, не любя.

Как хитро ты придумал свой вычурный инструмент
Управления людьми, их сознанием, их "Я" и "хочу".
Выступая с позиции зла, ты даёшь реагент,
И, добро сотворив, ты подобен зубному врачу.

Самый главный вопрос я задам тебе про судьбу.
Неужели ты знаешь про всё, что случится потом?
Если так, то зачем тебе всё это знать самому?
И какой интерес проживать уже прожитым днём?

Абсолютно с тобой соглашусь, что другие пути
Неприемлемы в мире сием для понятия "контроль".
Но азарт пропадает тогда, когда карты мои
Знают все, и я просто живу по сценарию роль.

Ту, которую ты для меня написал
Со своим эпилогом, прологом и средней частью.

Я, конечно, польщён, но читать бы её я не стал:
Больно скучно потом будет жить, находясь в её власти.

Что до страшных историй о том, как продать свою душу
За счастливую жизнь без тревожной на завтра оглядки,
Так и здесь я, наверное, немного молчание нарушу.
Забирай просто так, и не будем играть с тобой в прятки.

Не нужны мне богатств гора и власть без предела.
Всё пустое, не в этом заложено счастье.
Я открыл для тебя самого свои душу и тело,
Я хочу быть тобой... и собою отчасти.

Всемогущ, всевелик, вседозволен, что многих пугает.
Знаешь чёткую линию жизни, тобой проводимой.
Мне бы мудрость твою осознать — ту, которой хватает
Разделять и вершить, что хочу, в голове неделимой.

Я порой ощущаю тебя в своём теле и воле
И с другой стороны на деяния твои наблюдаю.
Только так познаю смысл жизни, чем дале, тем боле.
И анализ учусь проводить по Аду и Раю.

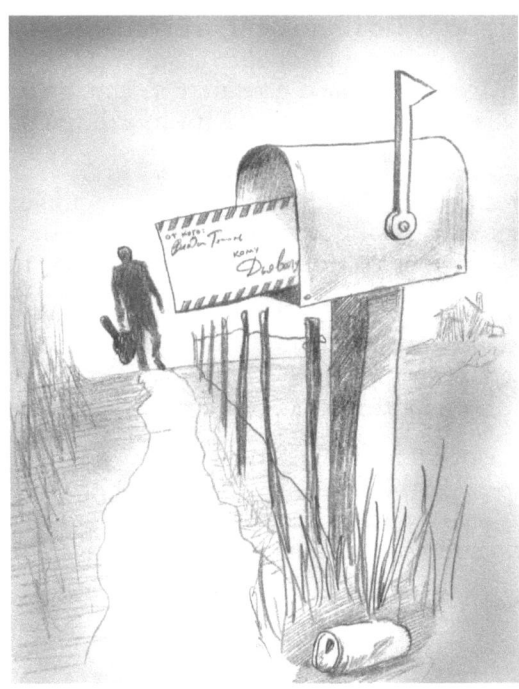

Люди слишком горды тем, что было, что есть и что будет,
Во главе угла ставя икону и стереотипы,
В синагоге, в мечети и в церкви никто не осудит,
Если голову в пол – и молиться, стеная до хрипа.

Это ль путь очищения души, если, выйдя из храма,
Люди вновь совершают грехи тут и там, где попало,
А потом валят всё на тебя без стыда и без срама,
Лицемерно пуская слезу, чтоб душе легче стало?

Какой тонкий подход у тебя по созданию религий,
И неважно, во что верить, в Бога или в Идею,
Отрицательный образ твой в душах рождает интриги,
И у каждого ты в голове создаёшь эпопею.

Например, до сих пор не уверен и я в этих строках,
Написал ли их сам или ты приложил к ним старания,
Чтобы понял я то, что не может жить мир без пороков,
И на этом основано всё твоё мироздание.

Панацею от бед не придумать: её просто нету,
А война за войной совершенствуют в людях мышление.
После долгой борьбы призовём проигравших к ответу,
И казним их судом, не спрося ничьего разрешения.

В один день просто люди поймут, на кого положиться.
Нелегко будет им осознать повороты морали.
И, естественно, будет борьба с теми, с кем не ужиться.
Как всегда и везде, как в любом логичном финале.

Пока всё. Благодарен тебе за внимание.
Когда будут вопросы ещё, их спрошу, не стесняясь.
Знаю, в людях ты больше всех ценишь старание,
Дай мне знать, что ты рядом, неожиданно вдруг появляясь...

Буду думать о нашем с тобой разговоре.
И уверен, что это мне даст много силы.
Чтоб волну за волной переплыть неспокойное море,
И чем дальше, тем лучше пока быть от края могилы.

Жду ответа в любой понимаемой форме.
Если вдруг пропустил, не взыщи, повтори его снова.
Я желаю тебе долгих лет и здоровья в норме.
С уважением, твой ученик навсегда,

Томшин Вова.

20 апреля 2010 г.

Чёрная река

На чёрной пироге по чёрной реке
Уплывая в ночь, помашу рукой
В никуда тому, кто на волоске
Мою держит жизнь, управляя мной.

Кто он, друг иль враг? Все ж скорее друг,
Коль могу ещё рассекать волну
Этих чёрных рек, не расслабив рук
И, гребя веслом, не пошел ко дну.

Зимы сменяются летом, холод сменяет жара.
Так и плыву я по свету каждый день, будто вчера.

И в кромешной тьме, слыша плеск воды,
Я пойму, куда мой фрегат идёт,
Что такое цель в бездне пустоты,
Веря в то, кто ищет, тот всегда найдёт.

Но силы грести больше нету, парус порвали ветра.
Есть вероятность, что это чья-то чужая игра.

Не доплыл ещё я до той скалы,
Что предстанет мне, как последний бой,
И, начав его, я взорву мосты,
И пойдет ко дну корабль мой.

Но об этом сейчас рано вспоминать –
Слишком много дел переделать надо.
Смерть моя ещё будет долго ждать,
Проводить меня в упокои Ада.

Вера Надеждой согрета. Где-то бушует гроза.
Песня Любовью напета и ощущением дна.

Февраль 2010 г.

Дьявол входит на порог

Дьявол входит на порог на распутии дорог,
Наполняет кровью рог, пьёт за то, что сгинет Бог.

Скрипы кирзовых сапог проникают в твой чертог.
Тот, кто убежать не смог, попадет в его острог.

Отсидит какой-то срок, не поняв в чём был подлог,
Но мощами занемог, и его в свои пещеры
Дьявол душу уволок.

Смысл, по̀нятый меж строк, преподаст другим урок.
Если хочешь есть пирог, запасай желания впрок.

Мыслей бешеный поток совершает свой прыжок.
Мятый ладана пучок не поможет, дурачок.

Завещания, листок, лягут пальцы на курок,
Оглушительный хлопок, продырявленный висок.
Нет, не спас тебя твой Бог.

Тук-тук-тук, трень-трень — звонок. Кто стучится к нам, дружок?
Как предсказывал пророк — Дьявол входит на порог.

14 февраля 2010 г.

Чернь

Чернь из ямы лезет и всё дальше, дальше,
Бесы варят смеси лицемерной фальши.
План борьбы со светом тьма ведёт по плану.
Призваных к ответу сбросят в свою яму.

Высшая духовность – преступление века.
Есть приказ: "Готовность протв Человека",
Запугать беднягу дыбой и кострами.
Происки религий бродят между вами

Убеждают словом верить в небылицы,
Угрожают хором, разбивая лица.
Устаревший способ управления массой –
Вкрадчивая поступь пополнения кассы.

Скорость технологий, суммы инвестиций,
Кто-то очень строгий с "Богом быть" амбицией
Прёт напропалую, жертвы не считая,
Истину простую ложью наполняя.

Суетность иллюзий целеустремления,
Проповедь покорности и повиновения.
"Пятилетку – за год!" – лозунг вдохновения,
Кто ведёт учётность гробоисчесления.

Только всё впустую. Глупость не всесильна.
Обмануть Природу, в частности, насильно
Пробовать лишь может дурачок с талмудом,
И его день прожит в неведении глупом.

9 октября 2010 г.

Кошек за хвост

Решённый ответ уравнений
Всегда гениален и прост.
Играй в прятки с собственной тенью,
Держа чёрных кошек за хвост.

Во тьме свет луча преломление
Осветит дорогу на мост,
Который твоим вдохновением
Восходит к плеядам звёзд.

По сути, любой день рождения –
Ещё один шаг на погост.
Играй в прятки с собственной тенью,
Держи чёрных кошек за хвост.

Толкни себя в сад наслаждения,
Глася в честь Рогатого тост,
И во́рона смоль оперения
Тебя донесёт до их гнёзд.

Всё это тебе отражение
Расскажет сквозь зеркала холст,
Быть может, сначала, значения
Ему не придашь так всерьез,

Но взгляд назад съест удивление:
По всей длине пройденных вёрст
Играл в прятки с собственной тенью,
Держа чёрных кошек за хвост.

7 июля 2010 г.

Демоническая эскадрилья

Где различие в великих учениях,
Будь церковная иль минаретная?
Что-то жалкое в их песнопениях,
Очень скорбное, раболепное.

Унижения зло, воля сдавлена,
Преклонённая перед идолом.
Глаза в пол опустить – это главное,
Чтобы ложь в них всю правду не выдала.

Кому врёшь, кого просишь о милости,
Заглушая стенанья молитвами,
Когда нет уже необходимости –
Всё и так уже сказано титрами.

Всё написано в книгах. Читал ли?
Страшный суд будет жирною точкой.
Все спасутся. Другие – едва ли,
Кто не верит таким заморочкам.

Жизнь дана, чтобы жить её ярко,
Словно Солнцем по небосводу
Плыть и делать другим людям жарко,
Проповедуя веру в свободу!

Не в глупейшую анархичность,
Беспредел и отсутствие власти,
Но в свободолюбивую личность,
В созидание и, собственно, счастье.

Без опаски смотреть людям в лица,
Находя в них своё отражение,
Только главное – не возгордиться!
Это губит твои достижения!

Атеистом отнюдь не являюсь,
Есть у каждого Бог в сердце, знаю.
Но зачем, перед ним преклоняясь,
Быть рабом его на пути к раю?

То есть после счастливой кончины
Ты возносишься в небо душою.
Ты опять его раб без причины.
Или ты не согласен со мною?

Он твой Бог, твой спаситель, твой ангел,
Знает всё про тебя, управляет.
Какой смысл повышать свои ранги
И пешком идти с тем, кто летает?

Вот, когда он отдаст свои крылья,
Просто так, в твою душу поверив,
Без участия сенсимильи,
Настоящие, полны перьев!

Вот тогда это будет любовью
К своему подопечному брату.
Вот тогда Вы скреплённые кровью!
Вот цена Вашей веры, ребята!

Но потом в небеса путь заказан.
Да и нужен ли он, когда крылья
За тобой раскрываются разом
Демонической эскадрильей!

9 июня 2010 г.

Ворон

За окном бушует осень, золотя всё между делом.
Я задумался над темой расхождения мысли с телом.
Чёрный шар в бильярде – восемь, забивается он белым.

Вдруг, как камень в центр стекла – боковым я вижу зрением –
Не один, а сразу два. Хулиганы? Подозрения!
Только слышу я удар лишь один в моё окно.
Глюки – это не беда, но уже не всё равно.

Чёрно-смолено крыло пред стеклом остановилось,
Разворачивая вниз обладателя. Вонзилась
Птица клювом в свою жертву, что упала от удара.
Пригляделся – это голубь, жизнь ему уже не пара.

Знаю, ты на мотоцикл мой покакал вчера ночью.
Видишь, как судьба воротит наши жизни, между прочим.
Но взгляните на убийцу. До краёв клюв кровью полон.
Чересчур большая птица, не простая, Чёрный Ворон.

Я таких нигде не видел, больше кошки он заочно,
А когда расправил крылья – метр с чем-то, это точно.
Сталью чёрной заблестело его чудо-оперенье.
Голубь мира в клюве мёртвый. Символичное видение.

Словно демон, вверх взмывает к ритуалу поедания.
Не один, подруга рядом. Созерцаю без желания.
С крыши пух и душу ветер подхватил без ожидания
И унёс, откуда нету ни дорог, ни расстояния.

На стекле остался след – птицы скромной силуэт.
В небе Ворон приговор громко крикнул: «Nevermore».

2010 г.

Падение

Поднимание главы несусветное
От страниц пожелтевших Евангелия
Превращают желания заветные
В вероятность падения Ангела.

Шаг за шагом, по полю чудес,
Жизнь кипит, как вулкан под ногами.
Наши ангелы рвутся с небес
По желаниям, придуманным нами.

Траектория полета вниз
Объясняет земли притяжение.
Мы всё чаще хотим продолжения,
Прося ангелов падать на бис.

Перелёт изо дня в ночь
Только нашим "хочу" подчинён,
И летят они с небес прочь,
Попрощавшись со светлым днём.

Без огня дыма просто нет,
И желания наши сбываются.
Наши ангелы видят свет
Раз последний — и тут же срываются.

Поколениями созданый образ,
Проникающий током по нервам —
Падший ангел в тебе второй голос,
Потому что тогда он пал первым.

Шепотом алых губ тайну свою скажи.
Освободись от пут, освободись от лжи.
Дальше идешь один — это конец пути.
Пора прощаться с ним. Лети.

12 августа 2010 г.

Летописец

Плачь, летописец, мастер пера,
По сожженным живьём иноверам. И боль,
Превратившись из слёз, как святая вода,
Станет спутником церкви – тщеславный король,
Чья одежда из белых камней соткана,
Прикрывая собой алчность душ иезуитов,
Ослеплённых слоями злата и серебра,
Пока каждая капля не будет испита.

Плачь, летописец, пиши свою книгу.
Века не способны смыть буквы со страницы.
Виновник костров всё же склонит колени
К могилам сожжённых. И вряд ли в глазницы
Облизанных пламенем, засыпанных пеплом,
Он сможет взглянуть им, как раньше. Так смело
В подвалах острогов выпытывать правду
И бросить в огонь снова мёртвое тело.

Остался бумагой, перу чтоб писать
На мёртвых телах окровавленный ситец.
Не время, а слёзы размыли слова.
Над смертью невинных рыдал летописец.

1994 г.

Сделка

Позвольте Дьяволу побыть в твоей душе немного.
Я буду ласковым, поверь, и всё исполню в срок.
Твой путь тернистый будет, веришь, гладкою дорогой?
И нету ничего такого, что бы я не смог.

Ты только верь мне, дорогой, садись на мои крылья
И вниз пари во тьму со мной за власть её над светом.
Таких, как ты, давно уже созрели эскадрильи.
Твоя душа в моей душе послужит мне ответом.

К чему раздумья, право? Не ты ли хочешь столько
Всего иметь в достатке, быть главным в этом мире?
Раздумия отрава – страница жизни только.
Она тебе нужна так, как утопленнику – гири.

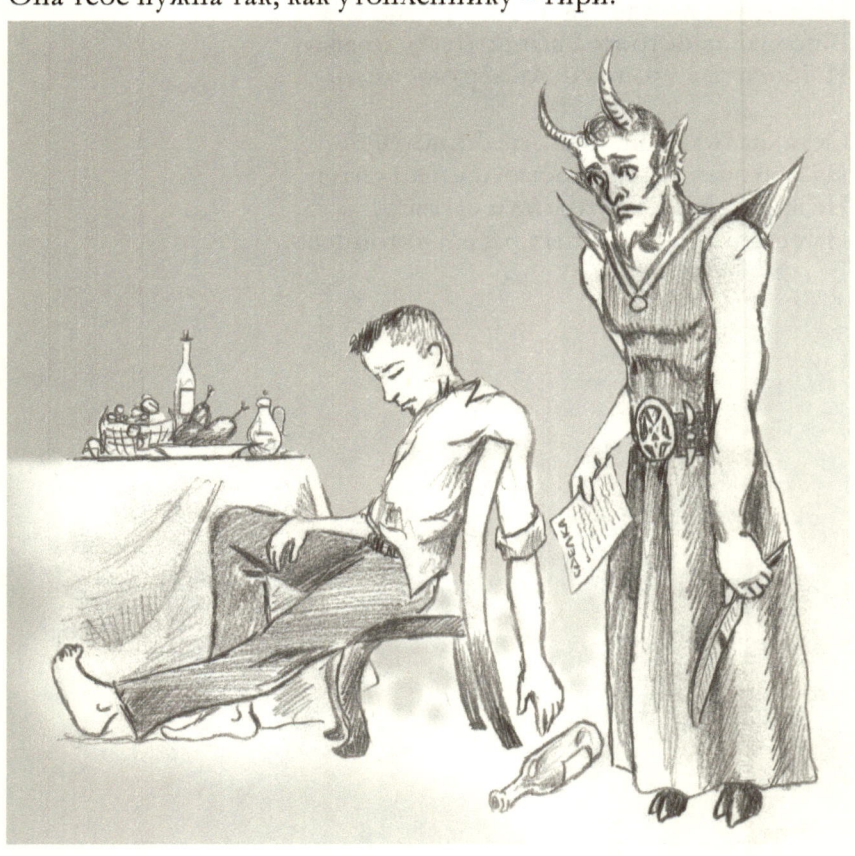

Дерзай! Не надо много усилий и стараний.
Одно твоё согласие – и взял, что тебе надо.
Гони метлой поганой весь груз воспоминаний,
В которых жил собою и не был частью Ада.

Да полно тебе! Ладно? Давай за тебя выпьем!
Сговорчивее будешь в кругу по интересам.
Давай потравим байки, какой твой дух незыблем,
А позже согласишься за разговором с бесом.

Контракт. Всё, как в аптеке: перо, бумага, подпись!
Как любят человеки, когда их за нос водят,
Быть в чьей-то картотеке, бросаясь сдуру в пропасть.
И это в этом веке их, как лохов, разводят!

Да ты не слушай. Глупость! Так, мысли вслух. Бывает!
Закусывай икоркой. Платить?! Я угощаю!
Ты можешь отражение спросить, оно-то знает,
Что я – хозяин слова. Даю и обещаю.

Ну вот, почти победа, и сделка состоится.
Приятная беседа, осталось подписать.
Но ты не внемлешь, братец! Ну, надо ж так напиться!
Ещё и нахаляву! Вот хитрый, твою мать!

18 апреля 2011 г.

Философия

И грянет гром

И грянет гром, пуская молнию вперёд,
Во временном отрезке жизни поднебесной.
Польётся дождь, когда придёт черёд
Его упасть на землю пеленой отвесной.

И будем радоваться мы, когда, сметая
Всё на своём пути, он смоет наши слёзы,
Польёт берёзы, силу жизни в них вливая,
Уберегая нас от засухи угрозы.

Наполнит чаши до краёв прозрачной влагой,
Испить которую считается за счастье.
Не удержаться от соблазна вкусить благо,
За ни за что дарёное ненастьем.

И капли, только что упавшие с небес,
В глубины наших организмов проникают.
Я знаю, это тоже чудо из чудес,
Но мало кто его как чудо замечает.

Всё так обыденно. Велосипед придуман,
Венчая палку с колесом, так гениально.
Ну, неужели не понятно, что специально
Дана возможность называться Мистер Хьюман.

Вращать вокруг Земли железо, наблюдая
За каждым шагом всех живых, трясясь от страха
Вдруг потерять контроль над жителями Рая
И получить от них хук справа, да с размаха.

Из-за трясущихся коленок у кого-то,
Который отродясь, увы, неполноценен,
Все остальные с усердием идиота
Ищут того, кто будет следующий расстрелян.

Всё отдаляясь дальше от того закона,
Что продиктован на Земле, Земным, Землёю:
Здесь нету места для единственного трона,
Но хватит места всем под пеленою
Дождя пролившегося, смывшего невзгоды,
И яйца каждого во власти у природы.

22 июля 2011 г.

Гармония

Ангелы, прочь улетая в ночь, превращаются в демонов.
Демоны утром опять превращаются в ангелов.
Так каждый день они делают то, что не велено,
Радуясь солнцу и радуясь пламени факелов.

Яркие краски и звуки фанфар повседневности
Шорохом мыслей крадутся в ночную таинственность,
Вновь завершая свой цикл в кругу неизменности,
С правом на незаменимость и на единственность.

Белые крылья зимы полыхают во пламени
Летнего жара, сжигая своё оперение.
Мир и покой в гармонии и понимании
Сопровождают друг друга в страну наслаждения.

Снова мороз бьёт кнутом по спине оголённой,
Голод протянутых рук искривляя оскалом.
Выживет тот, кто живёт на земле сотворённой,
Мелочь в большом замечая и, главное, в малом.

30 июля 2010 г.

Граница свободы

Где-то живёт та граница свободы,
Кою мы любим и ждём,
Пересекая её прыжком в воду,
Смысл судьбы ищем в нём,
Глубже, на дно, проникая потоки,
Взгляд отражения ушёл к водяному,
Выжму из жизни все лучшие соки —
И моё солнце взойдёт по-другому.

Ночь, удивлённая ярким рассветом,
Вежливо сдаст бастионы без боя.
Знаю, вернётся, когда будет спета
Песня моя о том, кто я.
Мелодия будет похожа на ветер,
Поющий в снастях бригантины,
И стоны русалок, попавших мне в сети,
Дополнят созведие картины.

Великое множество женских сердец
На новый поход вдохновляет,
На всех запасу обручальных колец,
Таких, что в мой плен забирают.
Плетя эти строки, действительно ярко
Могу себе это представить:
От женских тел будет в постели так жарко,
Что надо ещё их добавить.

Прекрасные стройные ноги вокруг,
Клубком страсти переплетаясь,
Ласкать меня будут десятками рук,
В моих глазах все отражаясь
Рекой удовольствия пенистых волн,
Одна за одной набегают.
И счастье, что есть у меня этот чёлн,
Который их так рассекает
На брызги растрёпанных нежных волос.
Их гладить, голов не считая,

Ответив себе на главнейший вопрос:
В чём счастье и радость земная.

В них есть, чего нет ни в едином Адаме,
Который им так подражает.
Стена из стекла ввысь растёт между нами,
И он это, думаю, знает.

Природа двулика, согласен, и всё ж
Я рад от души бесконечно
С позиции правды насквозь видеть ложь,
Отвергнув её прочь беспечно.

23 июня 2010 г.

Прозрение

Мой город пламенем объят, враги на подступах стоят.
Все лишь политиков винят, а про себя – в себя молчат.
И я веду своих ребят в который раз, в который бой,
Я им даю сигнал рукой, и они заживо горят.

Я – командир, мне отвечать. Я должен город защищать,
Сопротивление нужно смять, врагов без жалости стрелять.
Там, наверху, какой-то гад, обогатив карманы, рад
Для всех устроить этот ад, безнравственных идей парад.

Кому-то надо, чтоб Земля стонала от кровавых ран,
И кто-то крутит барабан, приставив ей к виску наган.
И вновь работает расчет артиллерийского полка:
Заряд, прицел, огонь, полёт, и кто-то умер на века.

Потом могила и цветы, кому сожгли его мосты,
И матерей кривые рты от ощущения пустоты,
Забравшей прочь их сыновей туда, где будешь скоро ты.
Беги, стреляй, врага убей. Тебя развёл маразм войны.

Ты сам купился на развод, желающий добра народ.
Волками гавкает койот, которого от власти прёт.
И повсеместно, тут и там, койот командует волкам
Разрезать Землю пополам и принести к его ногам.

Но тут с обратной стороны идёт такой же, как и ты,
И натяжение струны меж Вами не для красоты.
Патрон в оружие зарядил? Быстрей стреляй, покуда цел,
Но ты попал в его прицел, и он тебя опередил.

И тут прозрением тебя кусок свинца остановил,
Желая сна, кладёт любя – для этого он создан был.
Его путь жизни завершён, он сделал всё – то, что хотел,
А твой взгляд к небу обращён, и ты остался не у дел.

23 апреля 2010 г.

Люди

Глупцы, не понимающие сути
Всего, что происходит в этом мире.
В любом контексте они носят имя Люди,
А не подопытная плоть мишени в тире.

В них есть желание жить, как у всего живого,
И счастьем обладать имеют право.
Какого Чёрта, кто-то думает: забава,
Вершить судьбу у человека у любого.

Горят огнём все пылкие идеи,
Когда оковы сняты у тирана.
Он вновь в них будет, поздно или рано,
Назначив цену жизнями для панацеи.

И в топке красного огня новых баталий,
Горят тела и души множества невинных
Людей, которых войны так уже достали
Своим безумием в желаниях прогрессивных.

Кого-то свыше, возомнившего героем
Себя единственного, так до власти алчным,
Хотя по сути, грошей ломаных не стоит,
С горою комплексов за зеркалом прозрачным.

Ведутся многие за ним – шакалов свора,
Трясясь от страха, чтоб не выбиться из стаи,
Как саранча, сжирают всё и без разбора,
Пока нет тех, кто силой большею восстали.

Да супротив, рубя налево и направо,
Обратно в яму загоняя гниду,
Травя шакалов крысиною отравой,
Не дав им право на простую панихиду,

Опять взяв верх над разъярённой биомассой,
Пройдут победным маршем полки света,
По окровавленной земле, такой опасной,
Что это снова повторится как-то где-то.

12 сентября 2011 г.

Маленькие монстры

Все мы с Вами маленькие монстры.
Каждый со своим вооружением.
Наши когти и клыки мы точим остро,
Чтоб съедать всегда друг друга с наслаждением.

Мы охотимся на жертвы в джунглях серых
Городов больших и малых, расставляя
Свои сети, чтоб поймать в них самых смелых,
Всею хитростью в капканы зазывая.

Иногда, конечно, сами попадаем
В лапы более жестоких, хитрых монстров,
И они нас с удовольствием съедают,
Оставляя после нас лишь костный остов.

Так живём мы нашу жизнь на выживание,
Возлюбив своего ближнего желудком.
Мы хорошие, но наше мироздание
Превратило нас в подобие монстров жутких.

Саблезубые, мохнатые и злые,
Бронебойная защита, когти с палец,
Ряд шипов, нарощенный на вые,
И драконий хвост, танцующий свой танец.

Крики жертвы и стенания её плоти
Взвинчивают в нас животный облик,
И, наверное, на этой жуткой ноте
Я прерву, пожалуй, стих, как пуля – подвиг.

Июнь 2010 г.

Бывает

Встаёт на колени игривое Солнце,
Что пялило огненный глаз свой на Землю.
По счётчику времени, дело к закату,
И вновь оживает Луна до рассвета.

Беглым огнём сквозь вершины деревьев
Солнечных пуль поток тени взрывает.
Прочь улетают минуты, но где-то
Так не бывает.

Плача в кроватках, что их уложили,
Дети не знают, что день умирает.
Взрослые молча скорбят по усопшему
И засыпают.

Где-то на хуторе свадьбу гуляют
Весело, шумно, псы яростно лают.
Кто-то любовь постепенно теряет.
Так вот бывает.

Встал на колени король, и неважно,
Кто ему сталь на главу опускает.
Только история будет знать это,
Кто и кого убивает.

1998 г.

Амбиции

Настоящая жизнь — там, где семя борьбы
В землю брошено и полито дождём.
Колосятся под небом амбиций сады.
Защищай, а не то кто-то спалит огнём.

На планете Земля много дерзких умов,
Обладающих силой и желанием подмять
Всё под личный контроль, а себя в сан Богов
Возвести, а кто против того, тех распять.

Создавая руками машину войны
Под идеей раздела Земли много лет,
Человек до конца ощутил боль вины,
Наконец породив мысли мира на свет.

И оружие стало терять актуальность,
В один миг превратившись в бессмысленный хлам,
Люди в массе своей поменяли ментальность,
Перестроив по-новому жизненный храм.

Всё бы так хорошо, но не весь контингент
Стал мириться с таким положением вещей,
И, используя власть снова, как инструмент,
Превращает в послушных баранов людей.

Человеку врагов на Земле не сыскать.
Победитель и жертва в обличье одном.
Землю надо трясти и немножко взрывать.
А то что просто так проживать день за днём?

Кто-то жаден до денег, кто славой пленён,
И амбиции ночью им спать не дают.
Они все составляют ядро новых войн
И опять свой народ в смертный бой поведут.

Как чисты и понятны их помыслы мне.
Я б, наверное, сам крутил бизнес огнём.
Шаг за шагом, и я окажусь на коне.
Я устрою войну между ночью и днём.

04 мая 2010 г.

Безумный странник

Доколе Русский гражданин, превозмогая боли,
Корячиться под грудой на нём взваленых проблем,
Будет, вздыхая от доктрин, играть чужие роли,
Пролепетав "Жираф большой", в могилу уйдя с тем.

Откуда это там взялось, история расскажет.
Ну крепостничество, ну Сталин, ну "власти всё видней".
Открывший раз от страха дверь, второй раз пред ним ляжет,
Чтоб вытер тот свои ступни и заходил скорей.

А то на улице темно, ни фонаря в подъезде.
Кому-то сегодня суждено стать жертвой хулиганов.
Да это что, порой и власть расставит свои сети,
Коль повезёт, то будешь цел, но без своих карманов.

А больше всех смешит тот факт, что люди-то все братья,
Кричат об этом на углах, во всякой желтой прессе.
И слёзы сохнут на глазах, смотря в лицо распятия.
Щеку подставил!? Молодец! Другой удар в процессе.

Весь бред Славянских государств завязан, как на бусах.
Начальник свыше – государь, а выше и подавно!
Повиновение и гнёт лежит на челе русых,
И православный лишь алтарь во всех их бедах главный!

И русый цвет здесь ни при чём, неся дары Татарам,
Цвет волоса мутировал в течении веков.
"Россия — Русским!" — прокричит, рыгая перегаром,
Побритый школьник с головой пока что без мозгов.

И кинет камень в своего, другого патриота,
Который сам тельняшку рвёт на теле, только супротив
Его идеи. По стране навалом идиотов,
Возникших вновь из хаоса, и хаос породив.

Виной тому не ширина души исконно Русской,
И красота Российских баб отнюдь здесь ни при чём.
Всё та же в лужах колея дороги слишком узкой
Ведёт туда, где Божий раб послушно обречён.

На лицемерную хвальбу того, кто выше чином,
На разговоры за спиной и мойку их костей,
И лизоблюдство на Руси, страну накрыв, как дымом,
Объехав честность стороной, родило стукачей.

Они везде есть и всегда, пугают лишь масштабы.
Одни из них потомственно из рода стукачей.
Не обладая никаким талантом, стучать рады
Таким же ушлым, как они, за звание "плебей".

Любой из нас, принявший власть за чистую монету,
Становится подельником её в какой-то мере,
А посему деяния не призваных к ответу
Его делают пленником, закрыв к свободе двери.

И так всего касаемо, особенно религий,
Столь много душ, унёсших в небытие своих крестов.
Безумный странник, нацепив железные вериги,
Опять идет мозги дурманить множеству голов.

24 августа 2010 г.

Пуля

Я кусочек планеты Земля, извлечённый из недр.
Мне досталась почётная миссия быть здесь хоть кем-то.
Честь и слава добытчику, буду с ним добр и щедр,
Свою жизнь доверяя ему до последних моментов.

Я уверен, что, даже пройдя испытание огнивом
Раскалённых печей, загруженных по горло рудою,
Буду пользой ему, оставаясь притом молчаливым,
Но счастливым от факта, что это случилось со мною.

Я, наверное, буду частицей того механизма,
Что в ответе за тонкие грани всего мироздания.
Если нет, то идеи в моей голове плюрализма
Открывают полёты фантазий, кем быть, для желаний.

Мне безумно приятно быть чем-то полезным на свете
И особенно, быть благодарным тому, кто свободу
Подарил безвозмездно кусочку Земли на планете.
Буду верно служить его делу, мечтам и народу.

Созидания путь превратил моё горе-обличие
В превосходный мундир идеальной пропорции формы.
Нас здесь тысячи есть, и какие-то штуки в наличии,
Отпускающие нас летать из своих стволов чёрных.

Только нет никого, кто назад из полёта вернулся,
Но мы все верим в мудрость того, кто нас всё-таки создал.
В тёмной камере утром от звука затвора проснулся,
И я понял, что пробил мой час! Воистину, вот он!

Грохот взрыва меня оглушил, удаляясь.
Я лечу параллельно земле, в ожидании чуда,
И, кусочком планеты Земля в чьё-то тело врезаясь,
Отправляю создателя в недры. Я родом оттуда.

27 июня 2011 г.

Вечности

За вечностью вечность живет свою жизнь,
Сменяя эпохи, ландшафты и климат.
И даже бессмертных богов и богинь
Меняет, как только весь сок из них выжат.

Мы думаем часто о цели себя
В таком беспокойном и суетном мире,
Отрезок живя его календаря
Узором орнамента, фишкою в тире.

Наверное, кто-то познает быстрей
Идею развития цивилизаций,
В какой-то момент отоборав у людей
Их власть за создание плохих ситуаций.

О чём это я!? Мы песчинки в пустыне
Вселенной великой, нам жизнь подарившей.
Все дело, наверное, в нашей гордыне,
Идею империй для нас породившей.

И, зная на память закон эволюций,
Падение и крах любого господства,
Мы вновь продолжаем волну революций,
Опять наступая на грабли уродства.

Мы моем мозги, мы стреляем неверных,
Считая, имеем на то своё право,
Потом мы в домах их живем белоснежных,
Хвалясь на всю Землю своею державой.

А после и нас забирают под руки
Потомки людей тех, что мы расстреляли.
И всё повторяется снова, от скуки —
Всё те же ошибки опять в арсенале.

Однажды создав всем понятную схему
Модели с картин современного мира,
Мы всё понимаем, но страх съехать с темы
Опять превращает нас в жадных вампиров.

И вот по дороге, накатанной предком,
Мы движемся вниз по глубокой спирали,
Пример показав новорожденным деткам,
Уча их каким-то законам морали,

Которую сами хотим и меняем.
Сегодня плохой, завтра будет хорошим,
Что было вчера, мы порой забываем,
Спасая свой зад, как щитом, словом Божьим.

С Чертями многократно породнившись,
Упоминая Бога всуе, без опаски,
Казним направо и налево, убедившись:
Сойдёт все с рук, как в нехорошей сказке.

Неведомая сила нас толкает
Вперёд и вниз, а мы ей потакаем.
Какая разница, что завтра ожидает,
И чем закончится всё, Адом или Раем.

В какую сторону ушли те динозавры,
Которых мы копаем повсеместно?
Святым на главу тёрн, тиранам – лавры,
Кто выдумал такое слово "Честно"?

Вот так, в неведении живем свою эпоху,
Самим себе свою показывая силу.
Врагов с друзьями чувствуя по вздоху
И по цветам, не принесённым на могилу.

29 марта 2010 г.

Не один

Мы думаем часто о Боге, внушая
Себе, что он всё-таки есть.
Идём по земле от конца и до края,
Даруя ему свою лесть.

Играем во взрослые игры с оглядкой
На строгий придуманый взгляд,
Кой смотрит на нас очень строго, украдкой
Внушая свой новый обряд.

И в каждом изгибе судьбы уличаем
Удар всемогущей руки.
Мы не дураки и всегда понимаем:
Он любит нас, нам вопреки.

На небе, в душе, в многочисленных храмах
Живёт наш создатель, творец.
Везде и повсюду, в мечтах, во всех странах,
И в каждом ударе сердец.

Он разный, он грозный, он милостив к нашим
Проступкам, являя спасение
Тому даже, кто заклеймён низко падшим,
Но встретившему просветление.

Главнее его не бывает, увольте.
Звезда многогранных религий.
Молитесь и бойтесь, любите и пойте,
Плетя меж собою интриги

О том, к кому ближе он, как его имя,
Кто лучше его почитает,
В какой точке света находится ныне,
Кто больше и что о нём знает.

Ввиду доказательств, используйте силу
К тому, кто неправильно мыслит.
Пора посадить иновера на вилы,
Пускай свою душу очистит.

Во имя его, пережив столько воин,
Мы снова готовы к повтору:
Взять в руки оружие тем, кто достоин,
Тащить камень глупости в гору.

Умывшись в реке своей собственной крови,
Опять зачехлим свои сабли.
Помолимся Богу, стеная от боли,
И снова наступим на грабли.

Но вера в него не даёт нам покоя,
Взрывая сонливую спесь,
Куда-то бежим в поисках геморроя,
Себе доказать, что он есть.

Так, может, неправда? Быть может, ошибка?
И нет никого в поднебесье.
Во всех отношениях теория зыбка,
И нам атеист в равновесие

Ответит, что нету и не было даже
Такого понятия «Бог».
Ни в космосе, ни на Земле, ни в продаже,
Не встретишь его, сбейся с ног.

Откуда тогда, и кому это надо,
Чтоб люди молились всевышним?
Поймать и язык оторвать тому гаду,
Признав бытие его лишним.

Но дело не в этом. И казнь не поможет.
Причина берёт свой исток,
Где сам человек каждый день жизнь итожит,
И, будучи одинок,

Он сам его ищет во снах тёмной ночи,
И радуется, если смог
Найти и почувствовать сам, среди прочих,
Что он не один. С ним есть Бог.

08 июля 2011 г.

Конец в конце

Голодное блуждающее тело
В холодной шахте залежей урана,
Ища остаток сил, на труп присело,
Чай не на свой, а значит, ещё рано

В гроб гвозди загонять печалью слова
За упокой души, итак покойной.
Вперёд идти приказ, и оно снова,
Поднявшись в рост, продолжит путь греховный.

Каков идейный смысл пребывания
Его в такой среде, страдания дающей?
Быть может, замысел хорош и обещания,
Но результат, неумолимо жизнь крадущий.

Какая тяга манит смертного в обитель,
Где Чёрт у Чёрта на рогах Чертей бодает,
Какую байку ему травит соблазнитель,
Раз он по лезвию ножа босым шагает.

Изрезав пятки в кровь, хлебнув беды по горло,
Он продолжает наступать на те же грабли,
Которым лоб свой подставляет так покорно,
Пока физические силы не ослабли.

В конце концов, конец в конце. Хоть это ясно.
И он с упорством убеждённого барана,
Пытаясь жить не просто так, а ненапрасно,
Глотает смерть из огранённого стакана.

Октябрь 2011 г.

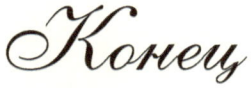

Конец

www.ingramcontent.com/pod-product-compliance
Lightning Source LLC
Chambersburg PA
CBHW022010170526
45157CB00003B/1212